ARGENTINA: UNA ESTRATEGIA DE DESARROLLO PARA EL SIGLO XXI

ARGENTINA:

UNA ESTRATEGIA DE DESARROLLO PARA EL SIGLO XXI

2ª edición ampliada y revisada

Martín Piñeiro
Guillermo Rozenwurcel
(coordinadores)

Ramiro Albrieu
Ricardo Carciofi
Marcelo Cavarozzi
Sebastián Katz
José Luis Machinea
Roberto Martínez Nogueira
Ricardo Rozemberg

teseo

CARI / CONSEJO ARGENTINO PARA LAS
RELACIONES INTERNACIONALES

Argentina : una estrategia de desarrollo para el siglo XXI / Martín Piñeiro ... [et al.] ; coordinación general de Guillermo Rozenwurcel ; Martín Piñeiro. – 2a ed ampliada. – Ciudad Autónoma de Buenos Aires : Teseo, 2016. 110 p. ; 20 x 13 cm.

ISBN 978-987-723-087-1

1. Economía. 2. Desarrollo. 3. Reforma Del Estado. I. Piñeiro, Martín II. Rozenwurcel, Guillermo, coord. III. Piñeiro, Martín, coord.

CDD 330

Para sugerencias o comentarios acerca del contenido de esta obra, escríbanos a: **info@editorialteseo.com**

www.editorialteseo.com

ISBN: 9789877230871

Compaginado desde TeseoPress (www.teseopress.com)

Índice

Presentación

La presentación de una publicación producida en el ámbito institucional del CARI es siempre una grata tarea. Por un lado, es una muestra del dinamismo intelectual de la institución y del esfuerzo y dedicación de sus socios en el análisis de temas que hacen al desarrollo del país y su lugar en el mundo. Por otro lado, la producción de un texto como el que nos ocupa pone de manifiesto el papel del CARI como ámbito institucional del diálogo y la construcción intelectual.

Esta publicación, producto de la reflexión colectiva de un grupo de economistas y politólogos con una reconocida trayectoria pública, presenta en forma clara y sencilla una visión de largo plazo sobre la economía Argentina y la necesidad de repensar tanto su estructura productiva como su inserción internacional, tanto en el espacio regional como global.

El análisis comienza con una descripción de la volatilidad cíclica de la economía argentina durante los últimos 50 años. A partir de dicha observación argumentan, de manera convincente, que este comportamiento cíclico de la economía se debe tanto a condiciones estructurales que exceden las limitaciones y restricciones económicas de la situación actual, como a la ausencia de una estrategia consistente y de largo plazo en cuanto a la inserción internacional del país.

Como producto de esta trayectoria los autores reconocen que la Argentina está transitando un momento difícil. Los desequilibrios macroeconómicos son manifiestos, la estructura económica es poco competitiva y existen innumerables obstáculos y regulaciones que dificultan la actividad económica, sin que existan señales claras para la inversión. El resultado de este proceso que ya acumula varios años ha sido el estancamiento del empleo y la gestación de un fenómeno de pobreza estructural que envuelve a casi un tercio de los hogares argentinos.

Es a partir de este reconocimiento que los autores plantean la necesidad de resolver los problemas del corto plazo con una perspectiva de largo plazo que facilite y promueva la modernización de la estructura productiva, un aumento de la competitividad sistémica de la economía y a partir de estas, las condiciones propicias para una nueva inserción internacional que nos integre al mundo de una manera inteligente.

Este tema, que es el centro de las actividades y preocupaciones del CARI, está tratado con profundidad en el documento. Los autores destacan la evolución de la economía mundial y del comercio internacional hacia un mundo multipolar, donde el regionalismo gana espacio a expensas de las reglas tradicionales del intercambio multilateral. Tanto las economías maduras como las emergentes se han sumado a este proceso. Es en este mundo nuevo, altamente competitivo y con débiles mecanismos de gobernanza global que la Argentina necesita conjugar su desarrollo económico y social, y proyectar a la vez sus intereses internacionales y sus capacidades para contribuir al desarrollo y a la paz mundial.

El escenario internacional que se está gestando con el ascenso de China e India y las dificultades que transitan las economías industrializadas de Europa presentan desafíos y oportunidades para Argentina. En este sentido, el análisis y propuestas generados en este documento son de suma relevancia. A su vez, el mayor peso que actores domésticos y la opinión pública tienen en las relaciones internacionales y la toma de decisiones en política exterior lleva a replantearnos los modelos de inserción internacional que prestan poca atención a las demandas ciudadanas. En este sentido, el impacto de los acuerdos económicos internacionales urge a considerar las políticas sociales domésticas que acompañen los procesos de reconversión económica para alcanzar el desarrollo económico y un mayor bienestar social.

Esta temática requiere de una reflexión amplia y profunda por parte de la sociedad argentina. El CARI está comprometido a facilitar, promover y participar de este dialogo en la búsqueda de propuestas superadoras. Esta obra es un paso en esta dirección.

Adalberto Rodríguez Giavarini
Presidente del Consejo Argentino
para las Relaciones Internacionales

Prólogo

Esta publicación es el resultado de una reflexión colectiva de un grupo de profesionales de las ciencias sociales a quienes nos une una prolongada trayectoria tanto académica como en la función pública. A partir de nuestras experiencias personales y profesionales descubrimos también que compartimos preocupaciones y visiones sobre los problemas estratégicos de la economía argentina.

La publicación es una versión revisada de una primera edición publicada por Editorial Turmalina a fines de 2015, presentada en el CARI el 20 de octubre. Esta versión recoge comentarios y sugerencias presentados por los dos comentaristas que participaron en dicha exposición: Silvia Segal y Dante Sica, de otros participantes en aquella reunión y de lectores del documento.

El punto de arranque del análisis y la reflexión que se presentan fue la observación de que la Argentina ha atravesado durante los últimos 70 años por recurrentes ciclos económicos que comenzaron con periodos de crecimiento para luego desembocar en crisis que, aunque distintas entre sí, comparten ciertos rasgos comunes.

Nos preguntamos las causas de estas crisis, pero más aun cuál puede ser la estrategia de desarrollo que, frente a las nuevas condiciones del contexto global, le permita a la economía argentina alcanzar una mayor competitividad sistémica a fin de lograr crecimiento y estabilidad en el largo plazo.

Con modestia, pero también con convicción, el documento presenta un conjunto de ideas y propuestas. Esperamos que unas y otras contribuyan a una reflexión más amplia y profunda sobre la estrategia de desarrollo y las políticas públicas que hagan posible encaminar a la Argentina hacia un desarrollo sustentable en un marco de pleno empleo y equidad social.

Los participantes en la elaboración de este documento agradecemos al CARI tanto por haber hospedado y facilitado el proceso de reflexión que lo generó como haciendo posible su presentación publica. De esta forma el CARI cumplió, una vez más, su tradicional e importante papel institucional de ámbito facilitador para el análisis y debate de propuestas.

Introducción

La economía argentina se encuentra con serias dificultades para retomar la senda del crecimiento. La generación de empleo formal en el sector privado está virtualmente paralizada y la pobreza estructural alcanza a un amplio espectro de la población. La inflación, el desajuste de precios relativos y las tensiones en el frente externo y fiscal constituyen un cuadro de compleja corrección que puede derivar en el agravamiento de las dificultades económicas y sociales. Los problemas de la actual coyuntura son serios y su resolución requiere de correcciones coordinadas en distintos frentes, con costos políticos y sociales inevitables que demandan a la vez destreza técnica, voluntad política y capacidad de negociación.

Sin embargo esto no alcanza. La Argentina requiere contar, además, con una perspectiva de largo plazo que nos ayude a entender y resolver los desafíos de esta difícil circunstancia, pero también que contribuya a detectar las oportunidades y amenazas del mediano y largo plazo, con el fin de revertir el pobre crecimiento económico y la extrema volatilidad que ha caracterizado el desempeño de nuestra economía a lo largo de los últimos 50 años.

De hecho, la situación no es nueva. Desde una perspectiva histórica la volatilidad económica derivó en crisis recurrentes que con el correr del tiempo, y especialmente desde mediados de la década de 1970, se volvieron cada vez más frecuentes y agudas. Si bien cada periodo de crisis tuvo sus particularidades, todas presentaron dos rasgos comunes: a) retraso cambiario y b) restricción de divisas. Generalmente, estuvieron además acompañadas por significativos desequilibrios fiscales, monetarios y/o de excesivo endeudamiento externo. En ciertas ocasiones, las crisis fueron disparadas, o agravadas, por condiciones adversas provenientes de la economía global, pero no siempre ha sido así; desde mediados del siglo pasado no han estado correlacionadas con bajos precios de las materias primas, con excepción de las crisis de fines de los 80 y de principios del 2000. Por otra parte, tal como se argumenta con más detalle en el capítulo II, la recurrencia de ciclos de crecimiento económico que luego terminan en crisis de gran magnitud está asociada con algunos elementos estructurales, que resultan de las estrategias de desarrollo implementadas por distintos gobiernos y de las decisiones de inversión de los principales actores económicos.

Pese a que la actual coyuntura requiere de decisiones rápidas y consistentes para revertir los desbalances más significativos, la corrección del rumbo –que ciertamente ha empezado– no puede limitarse a lo inmediato. La tarea es más compleja y de largo aliento. Es a partir de una perspectiva que incorpore la complejidad y un horizonte largo que será posible reunir los elementos básicos de una estrategia de desarrollo exitosa y perdurable en el tiempo. El principal objetivo que debe plantearse esta estrategia es cómo garantizar una trayectoria de desarrollo sostenible que posea dinamismo económico, aumente el ritmo de generación y la calidad del empleo, y al mismo tiempo permita ampliar la inclusión social.

Dicho sintéticamente, la estrategia debe apoyarse y potenciar a los sectores dinámicos de la economía, competitivos en los mercados internacionales y en condiciones de apuntalar las exportaciones y el crecimiento económico. Muchos de estos sectores también tienen un potencial de generación de empleo directo e indirecto más significativo del que usualmente se cree. Está claro, no obstante, que ese potencial no basta por sí solo para absorber la oferta de empleo presente y futura de nuestra economía. Por esa razón, al mismo tiempo la estrategia también debe apuntalar la reconversión y las progresivas mejoras de competitividad de las actividades con potencial para ocupar los nichos disponibles en los mercados externos, competir con importaciones en el mercado interno y, a la vez, asegurar la provisión de empleo en las grandes áreas urbanas.

El propósito de las páginas que siguen es sugerir un conjunto de ideas y propuestas que apunten en esa dirección.

A nuestro entender, la tarea clave es contribuir a que la economía argentina abandone su recurrente oscilación entre períodos de equilibrio externo conseguido a costa de bajos niveles de vida, y períodos de aceptables niveles de vida pero que, al ocasionar desequilibrios externos, acaban provocando la interrupción del crecimiento con los consecuentes costos en términos de actividad económica y empleo. La experiencia poco exitosa que hemos tenido durante varias décadas sugiere que la insistencia en poner todo el esfuerzo en una estrategia de desarrollo principalmente basada en la industria de bienes de consumo, con gran énfasis en el mercado interno y privilegiando la demanda de consumo por sobre la de inversión, no es la solución adecuada. Tal vez debemos reflexionar a partir de una de las conocidas máximas de Einstein: "Si buscas resultados distintos no hagas siempre lo mismo".

Nuestra tesis principal es que en una economía como la argentina, expuesta a fuertes fluctuaciones en el valor de sus principales productos de exportación y que necesita importar bienes de capital e insumos intermedios, la única forma de lograr crecimiento económico, equilibrio externo y una evolución favorable de los niveles de vida del conjunto de la sociedad es hacer que el aumento sostenido de la productividad sistémica sea la clave de la competitividad de la economía. Si este ha sido un imperativo histórico de la economía argentina, la creciente demanda de divisas que requiere un sistema productivo cada vez más interrelacionado con el mundo exige que este esfuerzo sea todavía mayor. Más aun si se toma nota de que el escenario global es altamente competitivo, organizado en cadenas globales de valor donde la localización de la producción está sujeta a permanentes cambios y donde el grueso del comercio fluye en el marco de acuerdos preferenciales.

Si la Argentina no lee e interpreta adecuadamente los fenómenos que están ocurriendo en la economía internacional, el precio del aislamiento productivo, tecnológico y de conocimiento puede ser muy alto. Esto significa que no habrá desarrollo sostenido, mejora del nivel de vida e inclusión social sin una estructura productiva moderna, dinámica, competitiva e inclusiva en la cual las señales de mercado e iniciativas de política se coordinen y complementen en forma inteligente. Si con incentivos adecuados la iniciativa privada es la que está en condiciones de aportar la innovación y el dinamismo empresarial imprescindibles para el proceso de desarrollo, solo el accionar gubernamental puede orientar estratégicamente ese proceso.

El diseño de una estrategia útil para promover el desarrollo no puede consistir en la elaboración de un listado –virtualmente inagotable– de problemas a encarar y de políticas deseables. Es por ello que, en lo que sigue, hemos intentado identificar aquellas cuestiones que, a nuestro juicio, aparecen como áreas prioritarias de acción en la medida en que representan restricciones críticas a la estrategia de desarrollo propuesta. Hemos decidido no tratar otros temas, igualmente prioritarios para cualquier estrategia, en los cuales no tenemos nada novedoso que agregar. Dos ejemplos destacados son las problemáticas de salud y vivienda.

Adicionalmente, una estrategia de desarrollo tiene diversas dimensiones interdependientes que necesitan una correcta articulación. En relación con varias de estas dimensiones parecería haber diversos grados de acuerdo cuando los temas son considerados de manera separada. Sin embargo, los consensos desaparecen a la hora de enfrentar el desafío central: la transformación de la estructura productiva para mejorar la competitividad internacional, generar empleo e inclusión social y aumentar así el nivel de vida de los argentinos.

Ciertamente no ignoramos que la estrategia de desarrollo aquí esbozada es muy ambiciosa y que su concreción seguramente no será viable rápidamente ni sin modificaciones resultantes del debate social que, esperamos, la propuesta contribuya a promover. Esto es así por varias razones. En primer lugar, las diferentes transformaciones propuestas tienen horizontes de maduración muy diferentes. En segundo lugar, esas transformaciones deberán enfrentarse a condiciones iniciales adversas, tanto en lo coyuntural como en lo estructural. En tercer lugar, porque la estrategia no consiste solo en definir el punto de llegada del proceso; también deberá tomar en cuenta los obstáculos a enfrentar durante la transición y, por lo tanto, la secuencia de las reformas a encarar. Finalmente, porque la economía política de su implementación sin duda generará resistencias y obligará a buscar acuerdos entre múltiples actores para resultar factible.

1

Los ciclos económicos y las estrategias de desarrollo

A lo largo de los últimos 50 años la Argentina se ha caracterizado por una alta volatilidad macroeconómica de corto plazo, reflejada en fuertes fluctuaciones de la tasa de crecimiento, los precios relativos y el nivel de actividad. Pero además de esa volatilidad, la trayectoria de nuestra economía evidenció ciclos más prolongados, de alrededor de una década "larga" (12 a 13 años de duración) cada uno. Todos ellos comenzaron y terminaron en crisis económicas de corta duración (uno a dos años) aunque de creciente profundidad. Cada uno de estos ciclos presenta tres fases bastante bien definidas: a) la primera caracterizada por una rápida expansión económica, b) una segunda fase en la que el crecimiento sigue siendo positivo pero se desacelera y exhibe gran volatilidad, y finalmente, c) una contracción breve pero severa que crea las condiciones de un nuevo ciclo de expansión, amesetamiento y nueva crisis.

El gráfico 1 exhibe las tasas anuales de crecimiento del PBI durante el periodo 1963-2014. En él puede verse con claridad tanto la alta volatilidad de corto plazo de las tasas de crecimiento como la existencia de cuatro ciclos que aparecen señalados con una curva envolvente y que corresponde al ajuste de la tendencia identificada en cada fase. La forma de los ciclos es similar en tres de ellos. El segundo ciclo, en cambio, es algo diferente: comienza en 1975-76 desencadenado por el Rodrigazo, al que sigue una breve recuperación que concluye con la crisis de 1982 y el colapso del régimen militar, registra una segunda recuperación transitoria y termina en 1988-89, con la hiperinflación de fines del gobierno de Alfonsín. No solo es el de mayor volatilidad sino que también el que registra menor crecimiento durante sus breves fases de expansión. Ambos rasgos se explican principalmente por el difícil contexto internacional que enfrentó Argentina durante esa década. Son los años de la crisis de la deuda que sacudió a toda la región, que se combinó con el bajo precio de las *commodities* exportadas por la Argentina y con el desajuste fiscal y la inercia inflacionaria heredados del gobierno militar. Notoriamente es el más adverso de los cuatro períodos aquí identificados.

Gráfico 1. Ciclos de crecimiento de la economía argentina entre 1962 y 2015

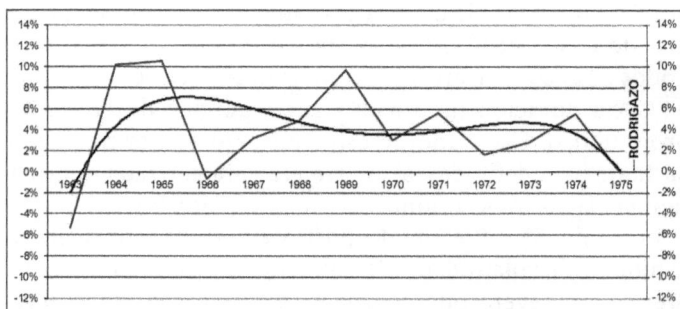

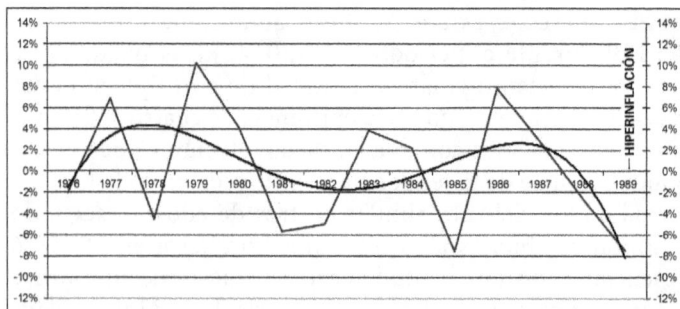

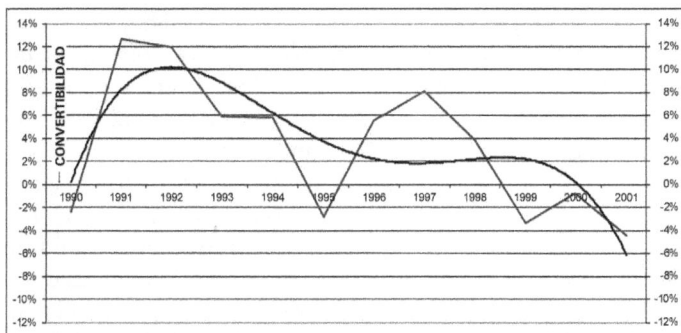

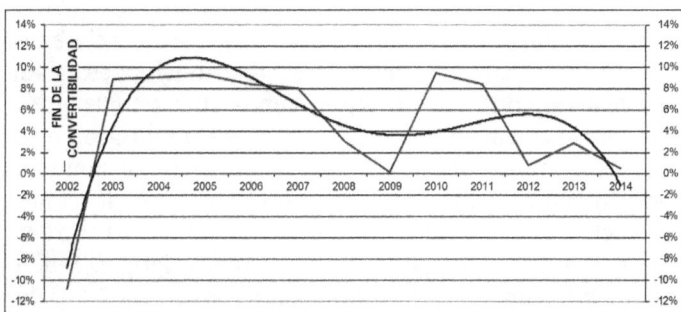

Elaboración propia. Los autores agradecen a Pablo Elverdin su colaboración.

La existencia de estos cuatro ciclos de similar duración y estructura es una observación llamativa. Es evidente que la evolución de cada uno de ellos fue distinta y que ha sido resultado de múltiples causas e interrelaciones, manifestadas de diversa manera y con distintas intensidades. Diferentes contextos externos, disímiles visiones sobre el rol del Estado en la economía y esquemas divergentes de política macroeconómica; nada de eso logró alterar el comportamiento macroeconómico en el mediano plazo.

Así, la existencia de importantes diferencias económicas y políticas en cada uno de los ciclos permite plantear la hipótesis de que existieron, a lo largo de los últimos 50 años, algunos elementos comunes cuya persistencia ayuda a explicar la recurrencia de los ciclos y las situaciones de crisis. Resaltamos especialmente esa persistencia, más allá de los cambios, en tres áreas: el accionar del Estado, la economía política y la estructura económica.

Con respecto al primer punto, destaca el cortoplacismo frente a desafíos que son de largo aliento. En efecto, los distintos períodos de la historia del país se caracterizan por enfrentamientos reiterados que explican la volatilidad de las políticas en torno a cuestiones estrechamente asociadas entre sí y que determinan las oscilaciones de su receptividad a las demandas de los grupos rurales o urbanos, de su orientación hacia el mercado interno o hacia el comercio exterior, de su sesgo a la acumulación o distribución, etc. Cada uno de estos conflictos se expresó en posturas contrapuestas sobre la orientación del desarrollo que impulsaron políticas fiscales, monetarias, cambiarias o de financiamiento fuertemente contrastantes y volátiles, asociadas a los ámbitos y actores predominantes en cada coyuntura. La extrema volatilidad de la vida política y económica del país tendió a acortar los horizontes de decisión de los actores sociales y explica también sus estrategias de organización y acción, desinteresadas en conformar alianzas amplias basadas en coincidencias sobre objetivos de largo plazo. Recurrentemente, la conflictividad social saturó la capacidad de procesamiento y respuesta del sistema político, consolidando su orientación hacia regímenes de política caracterizados por su cortoplacismo y volatilidad.

El cortoplacismo y la debilidad del sistema institucional, a su vez, contribuyeron a reforzar la conflictividad social y a debilitar las capacidades estatales. El resultado fue la existencia de múltiples conjuntos de reglas dispersas, en parte contradictorios y en parte complementarios, sin una jerarquía normativa capaz de resolver situaciones de ambigüedad, tensión, conflicto o cambios en el contexto internacional. La arbitrariedad, incoherencia y variabilidad de esas normas provocó frecuentes situaciones de anomia, y generó claros incentivos para que en cada coyuntura los diferentes actores reformulasen sus estrategias conforme tan solo a sus intereses particulares, sin apegarse a las normas establecidas, que carecían de respaldo sancionatorio.

Con respecto a la economía política, los dilemas y cuellos de botella de los últimos cincuenta años fueron abordados sin reconocer su complejidad, recurriendo a *panaceas* simplistas cuyas características presentamos en el capítulo 4. Estas panaceas pretendieron resolver los conflictos sociales suponiendo que obedecían a causas únicas y proponiendo, por ende, recetas facilistas para su solución. Claro está, todas ellas fracasaron.

Nuestro análisis sugiere además que hay tres elementos estructurales que tienen una gran importancia en el agotamiento de los periodos de expansión en cada uno de los ciclos.

El primero está vinculado a la débil y poco estratégica inserción internacional que el país ha alcanzado en el ámbito económico. Esa inserción no ha resultado de una planificación consistente y de largo plazo; por el contrario, se apoya intermitentemente en la depreciación pronunciada de la moneda y de los salarios reales sostenidas en acuerdos políticos más o menos circunstanciales. Es por eso que los períodos expansivos estuvieron estrechamente asociados al aprovechamiento de mejoras transitorias de competitividad o al acceso a mercados por parte del sector privado, mejoras que luego, paulatinamente, tendían a evaporarse. Si bien es cierto que entre 1976 y 1982 y, en mayor medida, a lo largo de la década de los 90 el gobierno implementó políticas de liberalización externa y de negociaciones internacionales, la estrategia seguida enfatizó el componente de apertura importadora apoyada con endeudamiento externo, factible en virtud de las inéditas oportunidades de acceso a los mercados financieros internacionales. Esta estrategia, que a través de la rápida y extrema apertura de importaciones y del atraso cambiario debilitó a los sectores transables, acabó colapsando cuando el cierre de los mercados financieros internacionales hizo reaparecer la escasez de divisas, que en ambos casos se había creído erróneamente superada.

La debilidad y ausencia de estrategia en la inserción internacional del país hizo que durante la mayor parte del período analizado la economía argentina, en particular su sector industrial, estuviera centralmente volcado a producir bienes para el mercado doméstico o regional bajo condiciones de escasa competencia internacional y, por lo tanto, con mínimos incentivos o exigencias para modernizarse y aumentar su competitividad. Los dos ensayos de liberalización importadora *cum* endeudamiento externo acabaron reforzando esos rasgos negativos de nuestra estructura productiva, al facilitar el acceso al mercado interno de importaciones sustitutivas de producción local sin crear los incentivos necesarios para que nuestra economía pudiera diversificar exportaciones o competir ventajosamente con las importaciones en el mercado interno.

El segundo factor estructural es de economía política y tiene que ver con las características peculiares de la conflictividad social en Argentina. Dado el cortoplacismo imperante, la sostenibilidad política de los sucesivos gobiernos estuvo en gran medida asociada a su capacidad de sostener el crecimiento del consumo, aun si de esa manera se comprometían las posibilidades de crecimiento futuro. Así, cuando las mejoras transitorias de competitividad desaparecían, en cada ciclo se procuró prolongar el crecimiento de la actividad y el empleo mediante políticas centralmente orientadas a impulsar el consumo agregado público y privado, financiados sea con emisión monetaria (como sucedió en los ciclos sin acceso al financiamiento internacional, es decir: el primero, la segunda mitad del segundo y el cuarto), sea con endeudamiento externo (como ocurrió en los períodos con acceso al crédito del exterior, es decir, entre 1976 y 1981 y en los años de la Convertibilidad). Como no podía ser de otro modo, en todos los casos esas políticas se volvían insostenibles al cabo de cierto tiempo, generando déficit fiscal y/o privado y atraso cambiario, acompañados por desempleo –particularmente cuando al atraso cambiario se le sumó la apertura–, inflación, sobreendeudamiento externo o ambos fenómenos, dependiendo de las circunstancias.

El tercer factor, finalmente, es resultado de la interacción entre la estructura económica y la economía política. Por una parte, los vaivenes de la estrategia de desarrollo caracterizados por orientaciones muy dispares y de dirección contrapuesta han resultado en una estructura industrial muy heterogénea y diversa. Mientras que algunas actividades y sectores operan en condiciones competitivas, otros necesitan de fuerte protección para subsistir. Para aprovechar la potencialidad de los primeros, se necesita de políticas y estrategias relativamente estables que alienten la inversión. A su vez, los sectores sensibles requieren no solo de protección sino también de programas de transformación que les permitan superar gran parte de sus limitaciones actuales. Además, las dificultades trascienden a las firmas o los sectores. Hay deficiencias sistémicas en la infraestructura de comunicaciones, transporte y energía, así como en el diseño tributario, que elevan los costos de producción.

Por otra parte, los factores de economía política de la Industrialización por Sustitución de Importaciones (ISI) indujeron a buena parte de los empresarios industriales a concentrarse en la búsqueda de rentas (*rent seekers*) a través de distintos mecanismos de contratación con el Estado, en lugar de focalizarse en la innovación y los aumentos de productividad, ya que el éxito o fracaso de sus emprendimientos dependía en mayor medida de los favores gubernamentales, sea para obtener licencias de importación, créditos subsidiados, contratación de obra pública o creación de nichos de competencia restringida. Cuando la fase expansiva del ciclo económico comienza a agotarse y la industria local empieza a percibir los límites a su crecimiento resultantes de un mercado interno relativamente pequeño, es entonces que las empresas comienzan a disminuir sus inversiones y a desacelerar el crecimiento de sus niveles de actividad. Como además la existencia de aranceles u otras restricciones a la importación hacen de la industria un sector *de facto* no transable, los excesos de demanda que afloran se traducen en decisiones de aumento de precios. Este comportamiento empresario tiende a reforzar la tradicional puja distributiva que existe con las organizaciones gremiales, lo cual acentúa las presiones inflacionarias y el amesetamiento del crecimiento económico en la segunda fase de los ciclos.

Ante la desaceleración del crecimiento y de la conflictividad social, los gobiernos usualmente reaccionan procurando acentuar el estímulo al consumo como forma de compensar la disminución de la inversión privada y satisfacer las demandas sociales, pero esto solo posterga transitoriamente el fin de la segunda fase, en la que la economía todavía crece aunque a menor ritmo y a costa de acentuar los desequilibrios macroeconómicos. Finalmente algún evento específico, diferente en cada caso, impide seguir financiando esos desequilibrios y, como se muestra en el gráfico 1, la crisis se desencadena y el ciclo vuelve a recomenzar.

Una representación estilizada de los ciclos "largos" que se sucedieron en el último medio siglo es concebirlos como un movimiento pendular que oscila entre dos situaciones extremas. La crisis, punto final de un ciclo y comienzo del siguiente, estalla cuando se agotan las reservas y el déficit externo no puede seguir financiándose. En ese momento, que podemos representar mediante el punto C de la figura 1, la economía se ve forzada a adaptarse a la restricción externa. Lo hace mediante la contracción monetaria y fiscal –cuyos efectos recesivos son inmediatos– y la devaluación de la moneda, que refuerza las tendencias recesivas y tiende a acelerar el ritmo de inflación. La caída en los niveles de actividad es drástica, el desempleo se agudiza, los salarios reales y otros ingresos fijos se mueven a la baja y las condiciones de vida de la mayoría de la población empeoran severamente.

A partir de entonces, la recesión y las mejoras en la competitividad-precio ocasionadas por la devaluación inducen el aumento de las exportaciones netas, las reservas se recomponen, la restricción externa se relaja, la capacidad ociosa comienza a utilizarse nuevamente, la desocupación cede y la actividad se expande. Estamos en la primera fase expansiva del ciclo: el repunte del empleo y la mejora en las remuneraciones reales impulsa el consumo, la mejora de las expectativas impulsa la inversión, el crecimiento se acelera y los niveles de vida de la mayoría de la población tienden a mejorar sensiblemente. Ese período puede representarse en la figura 1 como el movimiento desde C hacia B.

Sin embargo, la rápida expansión de la economía hace que los requerimientos de insumos y bienes de capital importados se intensifiquen y la balanza comercial tienda a empeorar. En el mismo sentido opera la apreciación cambiaria resultante de los aumentos en los costos laborales y no laborales y la reaparición de la inflación. En algún momento comienza a percibirse el progresivo agotamiento de esta fase, las expectativas empresariales se revierten, la inversión disminuye, la expansión comienza a desacelerarse y la puja distributiva renueva las presiones inflacionarias.

El amesetamiento del crecimiento marca el inicio de la segunda fase del ciclo que, al contrario que la primera, ahora se registra como desplazamiento desde B hacia C. Los intentos por evitar esa trayectoria incentivando el consumo mediante políticas "populistas" prolongan temporariamente esta segunda etapa, aunque aumentando los desequilibrios macroeconómicos. Cuando las divisas se agotan porque se acaban las reservas o se cierra el acceso al financiamiento externo, se desencadena la crisis. Esta acelera el desplazamiento de la economía nuevamente hacia C: finaliza un ciclo y comienza el siguiente.

Gráfico 2. El péndulo argentino

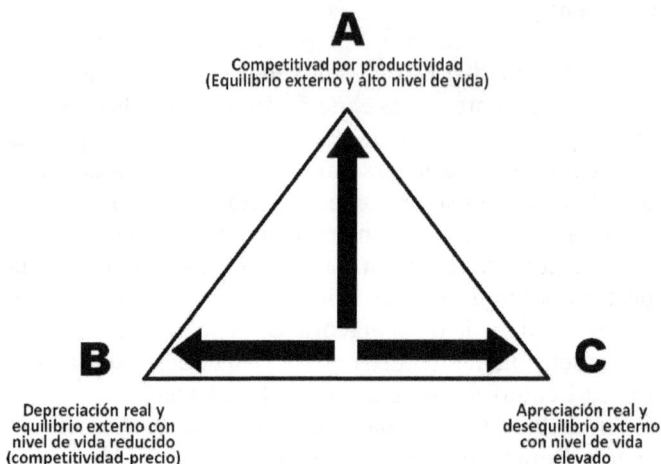

A

Competitivad por productividad
(Equilibrio externo y alto nivel de vida)

B

C

Depreciación real y
equilibrio externo con
nivel de vida reducido
(competitividad-precio)

Apreciación real y
desequilibrio externo
con nivel de vida
elevado

Sin embargo, desde una perspectiva de más largo plazo, la recurrencia de los ciclos no significa que la economía vuelva en cada oportunidad al mismo punto de partida. Más bien, como la evidencia empírica de las últimas décadas en materia de indicadores de pobreza, distribución e inclusión lo atestigua, el punto de partida de cada nuevo ciclo es peor que el anterior. Lo propio puede decirse de la tasa de crecimiento tendencial, que ha declinado apreciablemente. Es más, estos fenómenos se proyectan asimismo en su dimensión territorial: hay regiones que pueden capitalizar su potencial mientras otras acumulan rezago y atraso. De esta forma las sucesivas expansiones cíclicas no logran recuperar los niveles precedentes de esos indicadores. En otras palabras, las crisis recurrentes y la incertidumbre de las expectativas, fruto de la extrema volatilidad política y económica, hacen cada vez más complejo el desafío del desarrollo.

Esta descripción estilizada de los complejos procesos económicos, sociales y políticos que se desarrollaron durante los últimos 50 años no intenta explicar exhaustivamente lo sucedido. El objetivo, en cambio, es poner en evidencia que detrás de la compleja trama de hechos que llevan a un país a crecer o estancarse, hay factores estructurales que deberán ser modificados si se quiere cambiar de rumbo la decepcionante trayectoria de ese largo período de nuestra historia.

¿Es posible salir del péndulo y la declinación para comenzar a transitar un sendero de desarrollo inclusivo? Los capítulos siguientes se dedican a abordar las múltiples cuestiones que este desafío plantea desde diferentes perspectivas. Baste decir aquí que, como lo sugiere nuestro sencillo análisis previo, no podremos lograrlo si no conseguimos transformar la estructura económica y el funcionamiento colectivo de modo que el estrangulamiento de divisas no reaparezca cada vez que mejoran nuestros niveles de vida. Dicho de otro modo, solo una economía y una sociedad donde la competitividad esté basada en aumentos continuos de la productividad sistémica, en lugar de depender exclusivamente de la herramienta cambiaria, puede hacer compatibles niveles de vida elevados y equilibrio externo. Esa es la combinación "virtuosa" representada en el triángulo del gráfico2 por el punto A.

La actual coyuntura ofrece una nueva oportunidad. Como se observa en el gráfico 1, este ciclo que se inicia con la crisis de la Convertibilidad, si bien ha mostrado hasta fines de 2015 una trayectoria semejante a la de los precedentes y acumuló a partir de 2011 enormes desequilibrios macroeconómicos que lo llevaron a generar una aguda escasez de divisas, aún no ha desembocado en una nueva crisis. Si el gobierno que asumió en diciembre de 2015 logra evitarla y consigue poner en marcha las transformaciones estructurales e institucionales necesarias, el tránsito al desarrollo inclusivo tendrá esa oportunidad.

2

Transformación de la estructura productiva con inclusión social como eje de la estrategia

El capítulo 1 ha presentado una descripción del comportamiento cíclico de la economía argentina durante los últimos 50 años y ha permitido mostrar las consecuencias negativas que las recurrentes crisis tuvieron sobre el desempleo, la pobreza y la inclusión social.

En lo que se refiere al último ciclo, aún en curso, el empleo privado no ha crecido en los últimos cuatro años. Además, aunque la tasa de desocupación abierta se mantuvo contenida, esto resultó posible por la presencia de dos factores. Por un lado la caída significativa de la tasa de participación –especialmente de jóvenes y mujeres–. Por otro lado, el empleo público que ha actuado como amortiguador. Adicionalmente, alrededor del 38% de los empleos exhibe una alta informalidad, asociada no solo a menores ingresos y generalmente baja productividad, sino también a una mayor desprotección social.

Más aun, la inclusión social en un sentido amplio, que incluye no solo el empleo y el acceso a bienes y servicios esenciales como la educación, la salud y la vivienda, sino también el acceso al conjunto de los derechos individuales que son parte del ejercicio de una ciudadanía plena, es aún una deuda importante con una gran parte de la población.

Consecuentemente, lograr un crecimiento económico sostenido con inclusión social es el objetivo principal de la estrategia que aquí se propone y, según entendemos, debe ser el punto de partida en la reorientación del desarrollo del país. Ese es el factor crucial de una sociedad argentina más integrada y equitativa, no solo por su contribución económica a los ingresos y al crecimiento, sino también como eje de dinamismo social y ciudadanía plena.

Una segunda observación que surge del análisis presentado en el capítulo 1 apunta a las enormes limitaciones que una inserción internacional poco estratégica y una estructura productiva industrial volcada al mercado interno impusieron sobre la capacidad de crecer en forma sostenida. Consecuentemente, el eje central de la estrategia propuesta es la necesidad urgente de lograr una estructura productiva donde los sectores productivos competitivos a nivel internacional sean los ejes principales del desarrollo. Esta competitividad ya existe en algunos sectores, pero también puede generarse a futuro en otras actividades, en función de una inteligente estrategia de desarrollo que utilice la oferta de bienes públicos, la inteligencia competitiva y adecuadas políticas de desarrollo productivo como instrumentos de apoyo a la construcción de dicha competitividad.

Un tema que requiere una atención especial se refiere a la capacidad que tienen las actividades que resulten competitivas internacionalmente para la creación de empleo. La experiencia internacional indica que si se toma en consideración la generación de empleo directo e indirecto asociada a ellas, el resultado puede ser favorable. Este cálculo debe realizarse en términos netos, es decir, descontando la probable destrucción de ocupación que habrá de ocurrir en otros sectores que actualmente no participan de tal condición y los efectos dinámicos en el mediano plazo que tienen los sectores competitivos en la creación de empleo. En el debate público estas cuestiones suelen ser pasadas por alto.[1]

---

[1] La existencia de eslabonamientos hacia atrás de las actividades exportadoras y su potencial, más el impacto multiplicador que, en particular, todo el sector de la bioeconomía podría tener sobre el empleo, puede ser significativo. Con respecto a la situación presente es importante recordar que según algunas estimaciones, el complejo agroindustrial ocupa alrededor de un tercio

Desde esta perspectiva es evidente que el desarrollo no puede circunscribirse exclusivamente a la promoción de los sectores en los que el país cuenta con "ventajas comparativas reveladas". Pero saber aprovechar esas ventajas debe ser inevitablemente el punto de partida. Esto es particularmente importante en el caso de los alimentos porque el incremento de la demanda mundial sugiere que la tendencia de largo plazo del precio de la producción agropecuaria será razonablemente favorable, aun sin descartar la presencia de una alta volatilidad en el corto plazo (ver Apéndice 1). Esto permitirá potenciar, en vez de desincentivar, la producción sustentable de las actividades basadas en la explotación de recursos naturales y muy especialmente la agricultura en la región pampeana y las economías regionales. Ciertamente, la producción manufacturera o de servicios que ya han mostrado probada capacidad competitiva y potencial de crecimiento también aportarán al proceso de desarrollo.

El análisis de las experiencias de desarrollo exitosas pone sin duda de manifiesto que el proceso de innovación y cambio tecnológico y la creciente diversificación de la estructura productiva resultan tan o más importantes que las ventajas comparativas, dadas por la dotación de recursos naturales, para sostener el aumento de la productividad y el crecimiento económico. Naturalmente, ese proceso tenderá a cambiar gradualmente el patrón heredado, generando "nuevas" ventajas comparativas e incorporando nuevas actividades dinámicas.

Pero la noción de que las actividades vinculadas a nuestras "ventajas comparativas reveladas" puede servir de plataforma para nuestro desarrollo se ve reforzada por las

---

del total de la mano de obra empleada del país. Con respecto al impacto futuro, diferentes estimaciones sugieren que la capacidad de generar empleo adicional puede ser significativa. Por ejemplo, aunque su validez deba corroborarse con datos más fiables, estimaciones no publicadas utilizando la Tabla Nacional de Insumo Producto sugieren que un aumento del 50% de la producción de los principales productos agropecuarios podría generar alrededor de un millón de nuevos empleos directos e indirectos.

características de la actual revolución tecnológica, impulsada por la convergencia de las TIC, la bio y la nanotecnología, que está provocando un espectacular proceso de transformación productiva en numerosas actividades vinculadas al sector primario.[2] Así por ejemplo, a partir de la "revolución verde", la productividad agrícola se ha incrementado fuertemente, al punto que hoy se concibe la tierra como una plataforma de transformación energética y el agro argentino como una "fábrica a cielo abierto". El pleno aprovechamiento de la así llamada bioeconomía presenta una importante oportunidad que la Argentina aún no ha aprovechado plenamente.

Afortunadamente, las bases productivas están presentes. Como consecuencia del agresivo proceso de inversiones, cambio organizacional e incorporación de tecnología en las últimas décadas, así como la notable expansión del área sembrada, la situación del sector primario argentino (especialmente el agrícola) dista enormemente de la imagen convencional de un sector atrasado y caracterizado por débiles externalidades y eslabonamientos productivos. Estas transformaciones –que han tenido al complejo oleaginoso en el centro de la escena– desmienten, asimismo, el tradicional preconcepto de que las ganancias de productividad solo pueden obtenerse en actividades ligadas a la industria manufacturera.

Es oportuno remarcar que, a pesar de los bajos precios de hoy también existen oportunidades importantes a mediano y largo plazo en la explotación de recursos no renovables, tanto energéticos (tradicionales y no tradicionales) como mineros. Es innegable el impacto favorable que el desarrollo de estos sectores puede tener sobre la disponibilidad de divisas, la tecnología y potenciales encadenamientos productivos. Pero también deben evaluarse

---

2 De hecho, aunque en pequeña medida, nuestro país ha contribuido en ciertas áreas a esas transformaciones gracias al esfuerzo innovador de algunos empresarios y centros de investigación.

adecuadamente los costos ambientales (generalmente focalizados en regiones específicas) tanto sobre la producción como sobre la salud y el bienestar de las poblaciones afectadas. También es necesario tener presente que la explotación de esos recursos resulta más intensivo en capital y el efecto sobre el empleo directo e indirecto ciertamente será más débil que el derivado de la explotación de recursos renovables.

Tal como se señaló arriba, este fenómeno de modernización e innovación ciertamente no es exclusivo de la producción primaria. Por el contrario, la Argentina ha avanzado en las últimas décadas en la consolidación de un polo productivo de clase mundial en el área de los insumos industriales de uso difundido (acero, aluminio, productos químico-petroquímicos, entre otros) y, con los incentivos adecuados, también puede hacerlo en diferentes sectores de la industria manufacturera (como por ejemplo el automotriz y de autopartes) y en la producción de muchos servicios, como muestra el dinamismo que ha mostrado la Argentina en varios sectores durante las dos últimas décadas. Entre esas actividades de servicios surgirán oportunidades especialmente en aquellos casos donde sea posible incorporarse a cadenas globales de valor. En estos sectores, donde también ha habido modernización y desarrollo, la producción nacional es muy distinta a la que el país tenía en décadas pasadas.

En definitiva, la Argentina se ha especializado en la producción de materias primas agrícolas y de productos derivados de ellas, de un número importante de bienes industriales y de servicios modernos aunque todavía relativamente poco sofisticados. Posee además un potencial importante de recursos energéticos y mineros. Si este es ya un activo del país, el desafío actual pasa por cómo aprovechar en mayor medida estas capacidades utilizando a pleno su dinamismo y efecto multiplicador sobre otros sectores de la economía. No solo en la ampliación de estas producciones, sino en la mayor incorporación de valor de las mismas.

En el sector agropecuario, esto significa pasar de materias primas a alimentos y más aun al aprovechamiento pleno de la bioeconomía. En el caso de los recursos naturales energéticos y mineros se requieren importantes volúmenes de inversión e incorporación de tecnología que, para materializarse, necesitan del adecuado entorno institucional y condiciones de negocios.

En el sector de servicios implica pasar de emprendimientos "básicos" a aquellos más intensivos en conocimiento y mayor complejidad productiva. La evidencia indica, no obstante, que los servicios de mayor complejidad y valor están usualmente asociados a su vez al desarrollo productivo en la provisión de bienes.

En el sector industrial el camino a seguir es más complejo. El objetivo general es lograr diversificar la producción aumentando la complejidad de la estructura productiva en las actividades potencialmente más dinámicas y capaces de competir internacionalmente. Una dificultad no menor son los actores capaces de impulsar tal proceso habida cuenta del grado de extranjerización de ciertos sectores. Al mismo tiempo es necesario reconvertir gradualmente y proteger durante ese proceso aquellas actividades que no poseen tales atributos de eficiencia y competitividad.

Por último, la integración a las cadenas globales de valor es una necesidad para el conjunto de la economía. Esta debe buscar que el país se posicione progresivamente en los componentes de las cadenas con mayor capacidad para generar valor agregado. Para ello la innovación tecnológica, la inversión tanto nacional como internacional y una agresiva política comercial son ingredientes insoslayables. El ámbito regional, a pesar de las dificultades actuales, debe considerarse plataforma vital para el logro de este objetivo.

La implementación de la estrategia de desarrollo propuesta enfrenta desafíos importantes y requiere la instrumentación de políticas de alta complejidad técnica, que además seguramente generarán resistencias por parte de diferentes sectores de la sociedad.

Un primer desafío está definido por el conjunto de políticas públicas que es necesario implementar para lograr una economía más competitiva internacionalmente. Entre estas son especialmente importantes las vinculadas a lograr una mejor inserción internacional, ampliar el acceso a otros mercados mediante una estrategia comercial de largo plazo, mejorar el ahorro y la inversión y aumentar la capacidad innovativa del país.

Un segundo desafío es implementar exitosamente un conjunto de políticas dirigidas en forma específica a mejorar la inclusión social y el ejercicio de la ciudadanía. En definitiva, allí reside el éxito (o fracaso) de toda estrategia de desarrollo. Se incluyen aquí las políticas de empleo, la provisión de bienes públicos y las políticas y programas que incrementan el acceso a los derechos ciudadanos

Un tercer desafío es desarrollar programas de apoyo a la reestructuración económica para facilitar dicho proceso y atenuar, durante la transición, sus costos sobre los sectores sociales más vulnerables.

Finalmente un cuarto desafío, tal vez el más difícil y complejo, es la construcción de acuerdos políticos, económicos y sociales entre los actores sociales más relevantes para llevar adelante la reestructuración económica y social que se propone y para construir, a partir de estos acuerdos, un Estado eficaz capaz de conducirla.

Los capítulos siguientes presentan estos desafíos y proponen opciones para enfrentarlos.

3

Los principales desafíos de la estrategia

Parece evidente que impulsar una nueva estrategia de desarrollo supone enfrentar serios desafíos, tanto en el plano interno como externo. Entre esos desafíos, nos parece crucial poner particular atención sobre los cinco que se listan a continuación:

- Alcanzar una estructura económica equilibrada y sustentable en el largo plazo.
- Lograr una nueva inserción internacional que brinde mejores condiciones de acceso a los mercados internacionales de bienes, tecnología y financiamiento.
- Generar una mayor capacidad de ahorro e inversión, e impulsar la innovación y la formación de capital humano.
- Llevar a cabo las transformaciones propuestas creando empleo en cantidad y calidad suficientes, reduciendo la pobreza y mejorando progresivamente la equidad distributiva.
- Construir nuevos marcos institucionales y perfeccionar los mecanismos estatales a fin de adoptar y legitimar políticas coherentes, flexibles y efectivas.

Teniendo en cuenta que el proceso de transición hacia una nueva estructura productiva no será instantáneo, resulta crucial hacer progresos en las dimensiones planteadas al tiempo que se avanza hacia la estabilidad macroeconómica. Ambos aspectos son ingredientes importantes para asegurar la gobernabilidad del proceso, evitar los ciclos recurrentes del pasado y disminuir los actuales niveles de exclusión social. En este capítulo trataremos los cinco primeros desafíos. En el capítulo siguiente abordaremos la cuestión de las instituciones, el Estado y la economía política asociada a su reformulación.

1. Modernización y transformación de la estructura productiva

La modernización y transformación de la actual estructura productiva en una que sea equilibrada y sustentable a largo plazo supone apoyarse en los sectores competitivos internacionalmente. Ahora bien, ¿hay una sola trayectoria posible para enfrentar este desafío o, por el contrario, existen senderos alternativos entre los cuales es preciso optar?

Tradicionalmente se ha pensado en el proceso de industrialización como la vía más eficaz hacia el desarrollo económico. De esta manera, en nuestro país la estrategia de desarrollo a través de la sustitución de importaciones cobró especial relevancia, con matices y grados diversos, desde 1930, cuando colapsó el régimen de comercio que tenía como pívot a Gran Bretaña. En este planteo el desafío es doble: de una parte es necesario que las herramientas de protección no afecten la eficiencia del sector exportador y, en forma paralela, que la actividad industrial que nace inicialmente orientada al mercado interno vaya adquiriendo gradualmente la capacidad de competir internacionalmente. La resolución de este dilema resultó extremadamente difícil en la experiencia argentina.

A nivel internacional, el objetivo de la industrialización tuvo un renovado impulso en la segunda mitad del siglo XX, esta vez de la mano de los así denominados Tigres Asiáticos. Sin embargo estos países siguieron una estrategia marcadamente diferente. El apoyo del Estado se dirigió a la consolidación de una estructura industrial orientada hacia la exportación. El ejemplo sirve para señalar que hay más de un camino para alcanzar niveles elevados de productividad en la industria.

En el gráfico 3 puede observarse el proceso de desarrollo seguido por algunos de los países actualmente avanzados (curva punteada) y cómo se ubican otros países con relación a esa trayectoria.

Gráfico 3

Nueva división mundial de la competitividad industrial

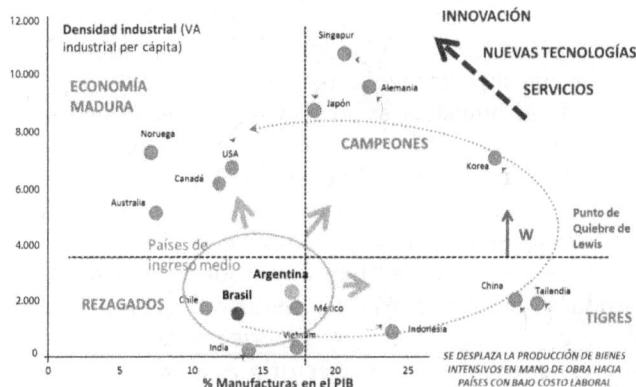

Fuente: Kosacoff, B. y D. Sica (2015), "Propuesta para el desarrollo industrial argentino".

El gráfico presenta en el cuadrante inferior izquierdo a un conjunto de países –entre los cuales se encuentra la Argentina– que aún muestran bajos niveles de productividad per cápita en la industria (eje de ordenadas) y una participación de las manufacturas en el PIB inferior a 18% (eje de abscisas). Los países que más recientemente lograron moverse de ese cuadrante lo hicieron hacia el cuadrante inferior de la derecha, aumentando el grado de industrialización pero sobre la base de bajos costos laborales y escasa "densidad industrial" (medida por el valor agregado per cápita). Ejemplos paradigmáticos de esta trayectoria son los Tigres Asiáticos, que parecen reproducir el sendero de muchas de las economías avanzadas hoy "industrializadas" o ya "posindustriales".

Como puede verse en el gráfico 3, los países avanzados de altos ingresos están todos en los dos cuadrantes superiores, de elevada "densidad industrial". Algunos como Alemania, Corea o Singapur ("campeones industriales") aún exhiben elevadas participaciones de la industria en el PIB, pero sobre la base de actividades industriales intensivas en capital y tecnología avanzada, manteniéndose en el cuadrante superior derecho del gráfico. En cambio, en los países avanzados "maduros" o "posindustriales" (ubicados en el cuadrante superior izquierdo) paradojalmente la participación de la industria en el PIB tiende a asemejarse a la de los "rezagados". Muchos de estos países llegaron a este cuadrante abandonando el de los "campeones" industriales: EE. UU., el Reino Unido o Francia y más recientemente Japón son ejemplos bien conocidos de este proceso.

Otros, sin embargo, han alcanzado ese cuadrante sin reproducir la trayectoria de industrialización que pasa por los cuadrantes inferior y superior derechos. Ejemplos representativos de esta trayectoria alternativa son, entre otros, Canadá, Australia, Suecia, Noruega, Finlandia y Nueva Zelanda.

Un análisis de la realidad internacional actual, los mercados, la tecnología y las propias condiciones de dotación de recursos y dimensión económica de Argentina sugiere que el sendero de desarrollo de los países de industrialización temprana que luego se diversificaron hacia otras actividades no resulta una opción factible.

Argentina, un país de ingresos medios, está aún en el primer cuadrante. Moverse hacia el segundo cuadrante a través de la industrialización tradicional requiere ganar economías de escala y para ello es necesario acceder a otros mercados. Sin embargo, la proyección al mercado internacional presenta aristas difíciles. Por ejemplo, es difícil competir con China u otros países asiáticos en industrias mano de obra intensiva y de bajos salarios. Por otro lado, saltar directamente al tercer cuadrante tampoco parece posible, porque competir en el mercado internacional sobre la base de sectores industriales más sofisticados que son intensivos en capital y requieren movilizar inversiones y tecnologías complejas es directamente inviable para un país de las características económicas de Argentina.

Como se señaló más arriba, países como Canadá, Australia, Nueva Zelanda y la mayoría de los países nórdicos siguió una trayectoria de desarrollo alternativo. Esta trayectoria reconoce dos etapas. La primera basada en el desarrollo y modernización de sectores productivos intensivos en recursos naturales, donde eran internacionalmente competitivos, integrándose verticalmente y agregando valor a partir de estos sectores y desarrollando industrias conexas. La segunda, basada en industrias y servicios de elevado contenido tecnológico. De tal modo, estos países se instalaron en el cuarto cuadrante sin haber transitado por el segundo y el tercero.

Esta estrategia de desarrollo parecería, en principio, más viable y atractiva para Argentina, especialmente en las condiciones internacionales actuales, muy diferentes a las existentes algunas décadas atrás, que dieron sustento a la estrategia de sustitución de importaciones de origen industrial. Las características de la nueva revolución tecnológica también contribuyen a la factibilidad de esta trayectoria.

Está claro de todos modos que, cualquiera sea el sendero de desarrollo a seguir, no pueden ignorarse las condiciones iniciales. Estas condiciones revelan, por una parte, una estructura productiva marcadamente heterogénea en la que coexisten sectores competitivos, modernos y de gran dinamismo, con otros de naturaleza muy diferente. Y más allá del plano económico, cabe señalar otras diferencias –institucionales, políticas, sociales, de inserción internacional– que indican que la analogía de senderos de desarrollo es sugerente pero no puede llevarse a extremos.

Para discutir los desafíos que plantea la modernización y transformación de esta estructura heterogénea, conviene distinguir cinco grandes sectores de actividad. Por un lado es posible identificar cuatro sectores transables: competitivos, estratégicos, dinámicos y sensibles. Por el otro está el sector que abarca todas las actividades no transables.

En el grupo de *actividades competitivas* se encuentran la bioeconomía, la energía, la minería y la siderurgia. En estas actividades el desafío de la estrategia es el de agregar valor a su producción. Esto resulta ciertamente factible en el caso de la bioeconomía, cuyo desarrollo pleno permitirá transitar desde la producción de materias primas a la producción de alimentos y profundizar la producción de productos agropecuarios no alimentarios. Aun así es necesario tener en cuenta que las condiciones del mercado internacional afectan a estas actividades. La siderurgia se encuentra hoy en jaque debido a una agresiva política de China que cuenta con importantes excedentes de capacidad. En energía, como es sabido, los costos de Argentina son actualmente superiores a los del mercado petrolero a nivel mundial y requiere de importantes subsidios. Además tanto en energía como en minería es preciso tener en cuenta la necesidad de evaluar su sustentabilidad social y ambiental, regularlas y supervisarlas efectivamente. Dada la naturaleza federal de nuestro país y el hecho de que la propiedad de esos recursos es de las provincias, también se requerirá acordar mecanismos adecuados para el reparto de las rentas entre las empresas que operen en el sector, la nación y las provincias.

Otras actividades industriales y de servicios en condiciones de agregar valor son aquellas capaces de aprovechar en mayor medida posibles encadenamientos con los sectores dinámicos primarios, en particular con potencial para penetrar en nichos del mercado internacional donde resulta posible alcanzar competitividad sin necesidad de producir a gran escala. Un caso posible es la producción en algunos rubros de maquinaria agrícola.

Para que todos estos sectores *competitivos* avancen en la cadena de valor hace falta apoyar su expansión internacional, plantear una negociación ofensiva en los foros bilaterales, regionales y multilaterales y asegurar que las instituciones y el Estado no les generen obstáculos. Políticas horizontales que provean las señales adecuadas, sean de carácter macroeconómico o tributario, sea definiendo las prioridades en materia de infraestructura, normalizando el mercado financiero y contribuyendo a la creación de un clima de negocios favorable, resultan suficientes para alentar el dinamismo y la inversión. Este no será el caso en las demás actividades productivas, que requerirán de incentivos y políticas adicionales.

Entre los *sectores estratégicos* podemos incluir la biotecnología, la industria ligada a la energía nuclear (reactores), la industria aeroespacial (satélites) y muchos de los servicios TIC (*software*, etc.). En estas actividades el desafío es consolidar su inserción en las cadenas de valor regionales o globales según el caso. Para ello, además de las políticas horizontales ya mencionadas, es preciso apoyar desde el sector público su expansión internacional mediante políticas específicas y contar con una estrategia adecuada en materia de negociaciones internacionales.

En los servicios TIC en particular, debe apuntarse a promover la implantación en el país de una plataforma de *outsourcing* de servicios de mayor valor agregado a escala global, basada en los recursos humanos calificados disponibles, en sus capacidades en áreas tan diversas como la salud y la educación, y en ventajas tan disímiles como el huso horario o la conectividad.

Entre los *sectores manufactureros dinámicos* están la industria automotriz, la química y la farmacéutica. En este caso el desafío crucial es consolidar y profundizar su inserción en las cadenas de valor regionales, apoyando desde el sector público la expansión regional y estableciendo cuando resulte necesario, mecanismos de protección selectiva.

Finalmente, entre los principales *sectores sensibles* podemos incluir a la industria metalmecánica, textiles, indumentaria, calzado y electrónica. Asimismo, hay enclaves geográficos sostenidos por regímenes de protección de elevado costo y escasa efectividad, que podrían ser adaptados en función del aprovechamiento de las ventajas de su localización –tal el caso de Tierra del Fuego–.

Estos sectores generan una oferta mayormente orientada al mercado interno, son deficitarios en sus intercambios con el exterior y tienen serias dificultades para subsistir frente a la competencia de importaciones, aun en un contexto macro relativamente equilibrado. En estos sectores, además, la informalidad es una debilidad difundida. Algunos de sus correlatos, entre otros, son la dificultad de acceder al crédito, la incapacidad para interactuar con el segmento moderno y formalizado, para crear empleo de calidad y para generar incentivos a la capacitación laboral. Como consecuencia del ambiente de negocios donde se desenvuelven, exhiben un crecimiento débil, fluctuante y vulnerable a los ciclos.

En estos sectores, por lo tanto, el desafío clave es identificar las actividades con potencialidad para adaptarse a las nuevas condiciones, lograr su reconversión y hacerlos gradualmente competitivos sin ocasionar consecuencias adversas mayúsculas desde el punto de vista del empleo y la inclusión social. Está claro que la reconversión de estos sectores no será rápida y que durante la transición se requerirá su protección temporal de la competencia externa y el apoyo estatal mediante la implementación de políticas industriales específicas.

En cuanto a los *sectores que producen servicios no transables* y son intensivos en mano de obra –tal el caso de los diferentes tipos de infraestructura, y particularmente el transporte en sus diferentes modalidades–, el desafío consiste en hacerlos más eficientes a los efectos de contribuir al pleno empleo y a la equidad distributiva.

Obsérvese que el planteo no es apuntar al desmantelamiento liso y llano de sectores y regímenes. De ensayar esta vía, los costos en términos de empleo, capacidades empresariales, capital y aprendizaje tecnológico serían muy elevados. Argentina exhibe un entramado productivo relativamente integrado en comparación con otros países de la región –que se igualan al perfil que en América Latina exhiben economías como la de México y Brasil–. Pero la preservación de este tejido productivo no puede basarse en el inmovilismo, sino precisamente en su modernización. De ahí la necesidad de aplicar políticas de desarrollo productivo específicamente orientadas a atraer la inversión y promover el *upgrading* tecnológico de estas actividades. Obviamente, dichas políticas deben ir acompañadas por un encuadre macroeconómico apropiado y por una estrategia apropiada de inserción internacional.

¿Por qué resultaría factible ahora recorrer este camino evitando los fracasos del pasado? La modernización de la industria ha estado en el epicentro de los vaivenes cíclicos de la economía argentina. Las soluciones ensayadas han sido polares: la apertura indiscriminada –muchas veces como herramienta auxiliar de la política antiinflacionaria–, o bien la protección insostenible. El argumento presentado arriba escoge una opción diferente. Primero, parte de reconocer la existencia de una estructura productiva heterogénea y, por tanto, su transformación conlleva diferentes conjuntos de políticas, con instrumentos y mecanismos que son propios de cada una de ellas. Además es necesario reconocer que tales políticas deben formar parte de un sistema integrado y ser coherentes y consistentes entre sí. Segundo, que no hay remedios instantáneos. La transformación que se ha esbozado requiere tiempo para madurar y claramente el proceso no es lineal ni terreno exclusivo de la política económica. La solvencia técnica de las herramientas es un requisito, pero también lo es la capacidad de alinear a los distintos actores sabiendo que hay costos y beneficios a distribuir en el camino.

2. Inserción internacional

Para concretarse, la transformación productiva necesita que la economía alcance una nueva inserción internacional, capaz de asegurar mejores condiciones de acceso a los mercados internacionales y a la tecnología disponible, y de contribuir a lograr inversión directa en los sectores claves de la economía.

Desde mediados de la década de 1990, la economía global asiste a lo que distintos autores han calificado como un proceso de globalización acelerada. Uno de sus elementos distintivos es el crecimiento del comercio tanto de bienes como de servicios. En los años previos a la crisis de 2008, la expansión anual del intercambio global se ubicaba en tasas del 20%; asimismo la relación entre las exportaciones de bienes y el producto mundial pasó del 15% al 26% en tan solo 20 años. Si se agrega el comercio de servicios el coeficiente supera el 33%. Otra dimensión importante ha sido el flujo financiero tanto de inversión directa como en cartera. Aun si la actual desaceleración del comercio global se prolongara debido a los efectos de la crisis económica global, las principales economías del mundo permanecen abiertas y pese a su retracción actual, a mediano plazo el comercio difícilmente se expanda por debajo del crecimiento esperado del producto global.

En materia comercial, entre los factores que explican estos procesos están, considerando los más significativos: a) la reorganización de la producción que ha llevado al intercambio creciente de partes y productos semiterminados; b) la aparición de cadenas globales de valor en las cuales las multinacionales distribuyen sus proveedores y mercados; y c) la revolución informática. Es razonable pensar que la continuidad del proceso de globalización va a resultar, pese a la crisis actual, en la profundización de las tendencias arriba mencionadas.

Por otra parte, el contexto institucional del comercio en el plano multilateral ha permanecido relativamente estable excepto por la aparición de un número importante de acuerdos regionales de comercio preferenciales acordados y en negociación, y a la multiplicación de acuerdos bilaterales de comercio. La Argentina ha estado ausente de estos procesos, de modo que ha perdido la oportunidad de ampliar y liberalizar su ámbito de comercio más allá de las reglas de la OMC. Aun con una mirada más restringida y circunscripta al ámbito del Mercosur, también se constata una involución del desempeño del comercio intrazona en los años recientes.

La estrategia de inserción internacional de la Argentina ha variado sustantivamente en las últimas dos décadas. Durante la década del 90 hubo una importante apertura comercial que facilitó la expansión de los sectores donde la Argentina tiene ventajas comparativas tales como la agricultura, la minería y el petróleo. Sin embargo, los desequilibrios macroeconómicos, el atraso cambiario, el endeudamiento excesivo y la falta de una política que ordenara y acompañara la reestructuración de la economía terminaron en una profunda crisis.

A partir de 2003 factores internos y externos condujeron a un aumento en los niveles del comercio exterior y a una gradual recuperación del mercado interno. En el primer caso impulsado por el *boom* de los precios de las *commodities* y por un tipo de cambio inicialmente más competitivo. En el segundo, por políticas de demanda expansivas y por la progresiva apreciación de nuestra moneda. Esta estrategia permitió un crecimiento económico importante durante varios años, pero en forma paulatina; en particular desde 2011 en adelante, la continuidad de las mismas políticas en un contexto interno y externo diferente derivó en el surgimiento de importantes desbalances macroeconómicos y en la agudización de las ineficiencias estructurales de nuestra economía. En el plano del comercio exterior, el resultado no ha sido otro que el estancamiento del volumen físico de las exportaciones y el cierre de las compras externas apelando a controles cambiarios y administrativos. La salida del cepo cambiario, la reducción de los derechos de exportación y la devaluación deberían ayudar a impulsar el comercio, pero se necesitan políticas más estructurales para los sectores involucrados.

Sin dudas, y más allá del escenario doméstico, la economía global seguirá presentando desafíos: no pueden descartarse fluctuaciones incluso de gran amplitud, gatilladas por eventos como el que actualmente atraviesa la eurozona, el rebalanceo de la economía china, o el aumento de las tasas de interés ya iniciado y que en algún momento retomará la Reserva Federal. No obstante, el contexto internacional continuará exhibiendo características estructurales más o menos similares a las actuales: elevada globalización, expansión de los acuerdos comerciales preferenciales, una tendencia a largo plazo favorable para las materias primas y una razonable liquidez internacional. Por ejemplo, el reciente Acuerdo Transpacífico (TPP) y las negociaciones en curso, como el Acuerdo entre EE. UU. y la UE (TPPI), son una muestra de las nuevas reglas que se están escribiendo en forma paralela al surgimiento de estos bloques. En un terreno más próximo, la formación de la Alianza del Pacífico (AP) es un proceso que es necesario mirar con atención no solo porque comprende a nuestros vecinos regionales, sino también porque las ventajas comerciales entre sus miembros podrían erosionar la capacidad del Mercosur para acceder a estos mercados.

Frente a este contexto la Argentina necesita definir una estrategia de inserción internacional que: a) privilegie su capacidad productiva y exportadora, b) asegure su activa participación en la construcción del marco institucional del comercio, c) incluya una amplia e inteligente flexibilidad que le permita atender las necesidades de un mundo multipolar con muchos actores comerciales, d) promueva la construcción de acuerdos comerciales de largo plazo con sus principales socios comerciales, y e) reconstruya el potencial del Mercosur y contemple un acuerdo con la Alianza del Pacífico. Estos atributos deben ser incorporados en una estrategia de largo plazo que incorpore las características y atributos propuestas por el Grupo Consenso del CARI (ver http://goo.gl/f5w9Ua y Apéndice 2).

Una inserción internacional con dichas características es un elemento central para la expansión de las exportaciones como complemento indispensable del mercado interno y regional.

La reciente desaceleración del comercio internacional no cambia esta perspectiva. Dos argumentos justifican esta afirmación. El primero es que, dada la bajísima participación del país en el comercio internacional, es viable aumentar las exportaciones de sus sectores más competitivos a partir de la expansión de su participación en los mercados externos. Para ello es necesario prepararse para enfrentar la amenaza de crecientes barreras comerciales no arancelarias, lo que sin dudas exigirá una conducta proactiva en las negociaciones comerciales capaz de ganar mercados en términos netos.

El segundo argumento es el hecho de que pese a cierta pérdida de dinamismo de los flujos comerciales, la globalización parece ser un fenómeno que llegó para quedarse. Precisamente, los megaacuerdos comerciales ya firmados o en curso de negociación son indicio de que la producción y el comercio seguirán siendo estructurados alrededor de cadenas globales de valor.

3. Ahorro, inversión y financiamiento

El esfuerzo de inversión que demandará la estrategia que se propone en este documento es mayor al registrado en el pasado. Para ello requiere estimular el ahorro y mejorar los mecanismos de financiamiento.

Es necesario, en primer lugar, crear las condiciones que permitan el aumento del ahorro interno privado y, muy especialmente, del ahorro público. Respecto del ahorro privado, si bien los niveles han aumentado tendencialmente en las últimas décadas, es fundamental asegurar un entorno estable y predecible de las reglas de juego. Esto es particularmente importante para la posibilidad de repatriar una parte de los recursos privados que se acumulan en el exterior. En cualquier caso, tanto el aumento como la repatriación de ahorro privado requieren como condición necesaria la revelación de las oportunidades de inversión, difíciles de distinguir en un contexto de débil apropiabilidad de retornos y alta volatilidad macroeconómica.

En cuanto al ahorro público, se cuenta en la actualidad con una ventaja: la capacidad del gobierno para recaudar impuestos ha aumentado sensiblemente, resultando en una presión impositiva que es la más alta desde que existen estadísticas oficiales (1932) y es junto a Brasil la más elevada de América Latina. La recomposición del ahorro público dependerá crucialmente de la reforma en dos frentes. Por un lado, la disminución del peso de ítems del gasto que no tienen un sesgo pro crecimiento ni pro equidad, tales como los subsidios económicos. Por otro lado, tal como se explica más adelante, una profunda reformulación de la política fiscal y tributaria, así como la transformación del sector público para lograr economías en el gasto real procurando al mismo tiempo una mayor eficacia de este.

El bajísimo grado de profundización financiera (un problema "keynesiano" de deficiente intermediación entre ahorro e inversión) es un rasgo distintivo de la economía argentina. Está indisolublemente ligado a su marcada volatilidad agregada, tanto real (crisis y *booms* recurrentes) como nominal (episodios de explosión de precios), pero también a ciclos de regulación (represión financiera) y liberalización excesiva que han impactado en la fisonomía del sistema financiero. Esto significa que, garantizado un entorno estable y predecible de reglas de juego, la situación puede comenzar a revertirse –pero solo parcialmente–. Para que el sistema bancario y financiero doméstico sea capaz de intermediar voluntariamente una fracción creciente de los flujos de ahorro interno, es preciso que el público perciba que el valor de su riqueza financiera no va a erosionarse sistemáticamente en términos reales y que no va a estar sujeto a expropiaciones producto del desorden monetario o cambios repentinos en las reglas de juego. El rol de la credibilidad no debe ser exagerado, aunque en el caso de un país con historial de alta inflación y crisis bancarias recurrentes, debe ser incorporado decididamente al análisis.

La vigencia de tasas de interés nominales para los ahorristas levemente por encima de una tasa de inflación que gradualmente converja con la inflación internacional es un requisito básico para inducir tanto el ahorro como el alargamiento de los contratos financieros. Un sistema bancario más profundo y que merezca la confianza de los ahorristas permitirá una mejor administración de riesgos por parte de las familias –especialmente en los sectores de menores ingresos–, la necesaria reaparición del crédito hipotecario y el financiamiento del capital de trabajo de las firmas. La adopción de mecanismos de indexación al estilo de la unidad de referencia empleada en el caso chileno puede estimular ese proceso.

Aun así, es evidente que la banca comercial no será la principal fuente de financiamiento de largo plazo en volúmenes suficientes para promover las decisiones de inversión de las firmas (especialmente las pequeñas y medianas) y canalizar los recursos hacia el desarrollo. Es por ello que, a partir de las entidades públicas existentes, es necesario pensar en refundar un esquema de banca de desarrollo que cumpla a un mismo tiempo funciones de primer y segundo piso. Por supuesto, se trata de un arma de doble filo: la historia mostró que este tipo de entidades solo funcionan cuando los incentivos están correctamente alineados.

El BICE (Banco de Inversión y Comercio Exterior), debidamente reforzado en sus mecanismos de funcionamiento y gobernanza para evitar la tradicional captura por parte de sus potenciales beneficiarios, puede ser el germen de este esquema. El financiamiento de sus actividades podrá provenir lógicamente de la captación de recursos voluntarios en los mercados internos y externos de crédito, pero seguramente continuará requiriendo el direccionamiento a través de los mercados de capitales de una fracción de los recursos del ahora nacionalizado sistema de pensiones. Estos recursos de largo plazo son especialmente cruciales para financiar el esfuerzo de inversión en materia de infraestructura, especialmente aquella necesaria para la explotación de los recursos naturales, y del sistema productivo doméstico que el país necesita desarrollar.

La potenciación de instrumentos de financiamiento para nuevos emprendimientos (capital semilla, inversores ángeles, fondos de capital de riesgo, obras de infraestructura con participación del sector privado y público, etc.), en un contexto de escaso financiamiento bancario y un mercado de capitales muy pequeño, puede complementar el fondeo de este proceso de inversión.

Esto es especialmente importante con relación al desarrollo de la infraestructura física. Allí es donde la inversión pública es clave. Es imprescindible diseñar, proponer e impulsar un plan coherente de ampliación y modernización de dicha inversión con estrategias claras en los principales sectores: transporte, energía, comunicaciones, para citar solo aquellos estrechamente vinculados a la explotación de los recursos naturales y a la inserción internacional. Por las externalidades involucradas, la inversión privada no está en condiciones de asumir por sí sola este desafío, aunque está llamada a cumplir un papel destacado. El rol de la inversión pública es, por lo tanto, crucial en esta área. Dadas las evidentes complementariedades entre inversión pública y privada, la ejecución de dicho plan posibilitará al mismo tiempo destrabar importantes decisiones de formación de capital físico por parte del sector privado.

Esto es de suma relevancia porque la formación de capital se sitúa a varios puntos porcentuales por debajo de los niveles necesarios para garantizar un crecimiento sostenido del ingreso per cápita. En efecto, según estimaciones de Naciones Unidas, para lograr un modesto crecimiento del PBI de 3% anual es necesaria una tasa de inversión bruta no inferior al 25% del producto. Lógicamente, no se trata solo de impulsar la acumulación de capital sino de hacerlo eficientemente, coordinando el esfuerzo público y privado, para lograr que la mayor inversión venga acompañada por el crecimiento sostenido de la PTF (productividad total de los factores). Ello está estrechamente vinculado al cambio de la estructura productiva, al desarrollo de la infraestructura y de los servicios, así como de la innovación sistémica, componentes centrales de la estrategia propuesta.

Finalmente, así como en materia de inversión se requerirá la participación tanto pública como privada, en materia de ahorro también será imprescindible complementar el ahorro interno con ahorro externo, ya sea el que aporte la inversión directa como el proveniente de la repatriación de capitales (cuya salida se acentuó fuertemente en los dos últimos períodos presidenciales) o del financiamiento de largo plazo que, con mesura, se capte en los mercados internacionales. Para desarrollarse, el país no puede prescindir de esos recursos a fin de adquirir la tecnología y los bienes de capital que no se producen internamente. Ese financiamiento deberá destinarse a proyectos de inversión en sectores transables (directa o indirectamente) y usarse con prudencia sin poner en riesgo la sostenibilidad de la deuda externa, que de todos modos se ubica hoy en niveles extremadamente reducidos. Naturalmente, el retorno a los mercados de crédito voluntario requiere, a través de una estrategia pragmática e inteligente, la normalización de relaciones con la comunidad financiera internacional.

La puesta en marcha de las líneas estratégicas descriptas tiene un considerable potencial de crecimiento en el que el sector privado está llamado a tener una participación determinante, pero donde a la vez el sector público debe cumplir un papel central. Es claro que para cumplir su papel el sector público enfrenta desafíos mayúsculos. Las expectativas favorables de acceder al crédito público, principalmente de fuentes externas, debe ser acompañado por una reducción gradual del desequilibrio actual de las cuentas públicas y por un programa de transformación del sector público nacional al que deberían poder sumarse los Estados provinciales.

Según hemos apuntado en este documento, la estrategia propuesta no está exenta de vaivenes y volatilidades de precios que, inexorablemente, se trasladan al resto de la economía. Es más, la experiencia pasada indica que la política fiscal se ha gestionado de manera procíclica. Las razones que explican ese desempeño no son de orden técnico sino de economía política. En tal sentido, es necesario llegar a establecer los arreglos institucionales que permitan una gestión de las finanzas públicas capaces de moderar el ciclo.

Tal como se explica más adelante, la recreación de un pacto fiscal con el objetivo de asegurar la eficacia de la economía pública debería constituir el marco de ese conjunto de iniciativas. La experiencia reciente indica que ha sido muy difícil alcanzar los acuerdos necesarios en este frente y que el precio de no hacerlo ha sido elevado. La mayor oferta de crédito público que seguramente estará disponible puede brindar el espacio para introducir las transformaciones necesarias.

4. Innovación y formación de capital humano

Promover la innovación y la modernización del aparato productivo en busca de competitividad sistémica. Con estos fines es fundamental fortalecer el sistema científico-tecnológico, mejorar la calidad de la educación y ayudar (a través de financiamiento para la reconversión, la recalificación de mano de obra y/o la eventual salida) a la reestructuración de sectores de actividad con escasas posibilidades de viabilidad en términos de su competitividad externa actual o futura.

En un mundo donde la información y el conocimiento se han vuelto elementos centrales de la economía y de las relaciones sociales en general, la inversión tanto para impulsar la investigación y el desarrollo tecnológico como para promover la formación de capital humano es otro factor clave de una estrategia enfocada al aumento sostenido de la productividad. El mundo del trabajo está cambiando rápidamente: los mercados de encuentran más conectados que nunca, las tareas rutinarias están siendo reemplazadas por máquinas, y la población activa en los países desarrollados comienza a escasear. Todo ello abre oportunidades pero también amenazas para la generación de trabajos de calidad en nuestro país. Es por ello que la inversión en formación de capital humano es también vital para atacar el problema de la exclusión social existente y su profundización: sin calificaciones adecuadas hay cada vez menos oportunidades de empleo en el sector formal.

La Argentina ha hecho durante muchos años un esfuerzo importante en el desarrollo científico y tecnológico. En algunas áreas como la medicina, la biología, la física, la agronomía y otras, la Argentina cuenta con una apreciable capacidad científica que es necesario mantener y aumentar. Sin embargo esta capacidad científica no ha logrado todo el impacto que hubiera sido posible sobre el quehacer político y económico del país. Por un lado los procesos a través de los cuales se conduce la formulación de políticas, programas y decisiones sobre la inversión realizada en el sector público y organismos del Estado no utilizan la información y el conocimiento generado por la investigación en forma sistemática y profunda. Se necesitan entonces mejores conexiones entre las agencias públicas de innovación y los requerimientos del sector privado. Por otro lado las empresas y organizaciones del sector privado, en particular en aquellos segmentos donde las decisiones estratégicas se deciden fronteras adentro, tampoco han establecido las relaciones de trabajo y diálogo con el sistema científico que permita una interacción más sistemática entre la investigación y el sistema productivo.

Resolver esta doble desarticulación que dificulta los procesos de innovación tecnológica, la modernización y el aumento de la competitividad del sector productivo, requiere de una política integrada y de largo aliento.[1]

La Argentina también ha hecho durante muchos años una importante inversión en la educación y formación de recursos humanos. Lamentablemente, a pesar de los mayores recursos destinados recientemente a la educación, los resultados obtenidos por el país en la última década son desalentadores. Así lo sugieren, entre otros indicios, los malos resultados en las pruebas internacionales de calidad educativa durante el último decenio.

Los cambios verificados en la evolución de la matrícula son otro indicio de la crisis del sistema educativo. Por un lado, se ha desacelerado fuertemente el ritmo de aumento de los alumnos matriculados; por el otro, se asiste a una sensible pérdida de participación de la educación estatal en detrimento de la educación privada. La escuela se convierte así en un mecanismo de amplificación de las diferencias sociales y transforma en una quimera la igualdad de oportunidades.

---

[1] Para un tratamiento del tema, ver Mario Mariscotti *et al.*, "Bases para una política de Estado en ciencia, tecnología e innovación". Presentación en el CARI, junio 2015.

Todo esto revela claramente que para ponerse a tono con la nueva realidad del siglo XXI el sistema educativo requiere una transformación profunda. Hace falta, en otras palabras, nada menos que una nueva revolución educativa como la que en su momento lideró Sarmiento a fines del siglo XIX.

Esta revolución debe tener tres objetivos básicos: la igualdad de oportunidades con independencia del nivel socioeconómico de las familias, la mejora drástica de la calidad educativa y la adecuación del perfil de los egresados del sistema a los requerimientos del proceso de desarrollo.

Aunque la transformación del sistema no puede realizarse sin fondos suficientes, la evolución del último decenio revela claramente que, por sí solo, el aumento del financiamiento disponible es insuficiente para mejorar la calidad y el rendimiento educativo.

Es crucial comenzar a impulsar seriamente la educación en el nivel inicial, frenar el éxodo de la escuela pública en el nivel básico (primario y secundario), garantizando el cumplimiento del calendario escolar y extendiendo progresivamente la doble escolaridad con prioridad para los sectores socioeconómicos más necesitados. Es vital, por último, reformular el sistema de incentivos, privilegiando en la carrera docente la capacitación y la presencia en el aula por sobre la antigüedad. Asimismo, en el marco de la descentralización vigente, es crucial el compromiso de los gobiernos provinciales para la mejora de la calidad educativa. Se requiere un programa federal destinado a este propósito. Teniendo en cuenta que el conocimiento está convirtiéndose aceleradamente en el principal factor productivo de la economía y que las externalidades que derrama sobre el conjunto de la sociedad son enormes, el foco de la transformación no debe limitarse al nivel inicial y la educación básica (primaria y secundaria). Debe abarcar también a la universidad.

La creación de un Fondo Solidario (financiado por los graduados o mediante algún otro mecanismo de fondeo que recaiga sobre las familias con hijos universitarios de mayores recursos), combinado con un programa de becas adecuadamente diseñado, podría ser un primer paso para favorecer la igualdad de oportunidades en el ámbito universitario.

Un buen programa de becas podría igualmente incentivar la matrícula en las disciplinas científicas y tecnológicas, orientándolas en su mayor parte a esa finalidad. Este también podría considerarse un primer paso para enfrentar otra seria deficiencia de nuestro sistema universitario que conspira contra las perspectivas de desarrollo futuro del país: el bajo y declinante interés de los alumnos por esas carreras.

5. Empleo e inclusión social

Sin lugar a dudas, un reto importante que supone una estrategia como la que se propone en estas páginas es la generación de empleo y la inclusión social. La motivación primordial obedece a lo que consideramos una premisa esencial y a la vez un punto de partida en la reorientación del desarrollo del país: el paso hacia una sociedad argentina más integrada y equitativa tiene como eje la creación de empleo de calidad. Este es el requisito esencial no solo por su contribución económica a los ingresos y al crecimiento, sino también como eje de articulación y dinamismo social. Los niveles de pobreza estructural que exhibe la Argentina de hoy requieren un conjunto de políticas acorde con la naturaleza del problema. No obstante, la herramienta más eficaz y capaz de allegar soluciones duraderas se vertebran alrededor del empleo. En un plano diferente, se puede argumentar que la necesidad de profundizar y mejorar el funcionamiento de las instituciones democráticas no puede estar disociado de la creación de empleo e ingresos.

Además de esta apelación a principios que están en el fundamento mismo del planteo, aparecen dos razones adicionales para situar el empleo en el centro de la atención de la estrategia. La primera se vincula con algunos datos esenciales del panorama ocupacional y social actual, y la segunda está estrechamente asociada al dinamismo económico que subyace al planteo que aquí se realiza. Hagamos un repaso breve de ambas.

En primer lugar, el dato destacable de la situación del empleo en la Argentina actual es su parálisis: el empleo privado no ha crecido en los últimos cuatro años. Junto a este fenómeno, la tasa de desocupación abierta ha estado contenida de la mano de los dos factores que mencionamos antes (la caída en la tasa de participación y el impulso difícil de sostener del empleo público). En síntesis, el camino para poner remedio a la delicada situación de empleo e ingresos supone dar respuesta a un doble conjunto de problemas. De una parte, se trata de dinamismo de creación de nuevos puestos de trabajo para incorporar los flujos adicionales de carácter vegetativo, al que se suma también el aumento de la participación y la absorción de aquella porción de la ocupación que está sostenida por el sector público en actividades de bajo rendimiento. De otra parte, se trata de crear empleo y ocupaciones de calidad, lo cual significa no solo mejores puestos de trabajo junto con el correspondiente beneficio social inmediato, sino también que el dinamismo sea sostenido en el tiempo. Como es sabido, el resorte que permiten poner en marcha estos mecanismos es la inversión. Esta es una respuesta que le cabe al sector privado primordialmente, pero donde el sector público tiene una función ineludible tanto en la gestión de la política macroeconómica como en las orientaciones de mediano y largo plazo que sirvan de guía a las decisiones privadas, tal el caso de la infraestructura.

Aquí ingresa la segunda de las cuestiones que mencionamos arriba. Una estrategia de desarrollo apoyada en actividades que resulten competitivas internacionalmente levanta frecuentemente la pregunta de cuál es la capacidad de creación de empleo. La experiencia internacional al respecto ofrece motivos para una atención prioritaria. En el caso argentino, el interrogante es más que relevante si se toma debida nota de los datos del mercado de trabajo apuntados más arriba. El análisis de este tema de singular importancia tiene varias dimensiones.

Primero, conviene advertir que cuando se postula apoyarse en aquellas actividades que exhiben clara competitividad para acceder a mercados externos, es necesario tomar en consideración la generación de empleo directo e indirecto asociada a ellas. Y este cálculo debe realizarse en términos netos, es decir, descontando la probable destrucción de ocupación que habrá de ocurrir en otros sectores que actualmente no participan de tal condición.

Segundo, la estrategia debe contemplar, especialmente en la etapa de transición, la nueva configuración productiva y la evolución de las actividades manufactureras y de servicios menos eficientes radicados en las ciudades, ya sea para mejorar esa competitividad o para organizar su reconversión. En los grandes conglomerados urbanos están los mayores bolsones de desempleo, subempleo y de contingentes de población no integrada al mercado de trabajo. De ahí que la estrategia debe prestar atención a la dimensión espacial y regional. Al respecto un instrumento clave es la localización y reorganización de la infraestructura, atendiendo al perfil productivo. Pero como ya se señaló, esa reconversión solo podrá hacerse gradualmente, atendiendo especialmente a aquellas actividades de menor eficiencia y competitividad aunque relevantes desde el punto de vista de la generación de empleo, en especial del no calificado. La cuestión tiene una importancia crítica y más abajo se discute con mayor detalle.

Adicionalmente, será necesario mantener una red de protección para los desocupados que facilite la transición hacia una estructura productiva más competitiva. Esta red debe incluir un seguro de desempleo con suficiente cobertura, así como programas de capacitación adecuados a las nuevas demandas del sistema productivo.

Tercero, y como corolario de lo apuntado arriba, parece apropiado señalar que las instituciones y modalidades de funcionamiento del mercado de trabajo deberían ser reformadas para que no sean un obstáculo para la movilidad sectorial y geográfica de la población activa, incluyendo también los contingentes aportados por los países vecinos. No obstante, el factor clave es, como se señaló arriba, el ritmo de creación de empleo. Resulta poco efectivo plantear reformas específicas de la legislación laboral de manera abstracta y sin haber puesto sobre camino firme la demanda de trabajo y de sus correspondientes calificaciones.

Cuarto, pero no menor, la capacitación y formación laboral (no solo de los desempleados), incluyendo la educación formal, deberían tener debidamente en cuenta los perfiles de calificaciones asociados a la estrategia. Los programas específicos dirigidos a la capacitación y empleabilidad de los jóvenes resultan prioritarios. Así como alentar instancias de formación teniendo en cuenta los nuevos horizontes de cambio tecnológico, que están ocurriendo tanto en las actividades manufactureras como de servicios. Es cierto que las políticas y acciones públicas tienen aquí un papel decisivo, pero también hay espacio para el sector privado y para la cooperación público-privada.

Finalmente, corresponde tener presentes las relaciones entre la política social y el mercado de trabajo. La expansión del volumen y nivel de las exportaciones ha sido, con excepción de los cuatro años recientes, un atributo notable de estas dos últimas décadas. Sin embargo, la Argentina también ha incubado un problema de solución no sencilla en ese mismo período: la pobreza estructural que envuelve a más de un cuarto de la población y que está instalada predominantemente en los grandes aglomerados urbanos, particularmente en Buenos Aires. La necesidad de atender esta dimensión y las políticas más eficaces para hacerlo van más allá de las políticas laborales, aunque deben resultar congruentes con el funcionamiento del mercado de trabajo. De ahí la necesidad de que las eventuales reformulaciones de la política social deban ser compatibles con la modernización de las instituciones y reglas que regulan el mercado de trabajo.

En tal sentido resultan prioritarias las políticas de protección social. Su objetivo es ofrecer resguardo a los grupos de población más vulnerables evitando a la vez caer en la "trampa de la pobreza". Es altamente probable que, dados los elevados niveles de marginalidad y exclusión imperantes, el gasto público deba sostener un importante componente de subsidios focalizados, por un período relativamente prolongado. Pero ello exige el diseño de programas bien direccionados, que eviten la actual situación de transferencias que benefician a sectores que claramente no lo necesitan. Las políticas de protección social deben ser reformuladas íntegramente con vistas a eliminar el componente clientelar que tradicionalmente caracterizó el vínculo del Estado con los sectores sociales más vulnerables. Su eje central debe ser asegurar la continuidad y perfeccionamiento de la Asignación Universal por Hijo, extendiéndola progresivamente a un Programa Universal de Ingreso Ciudadano. Este programa deberá consolidar de manera gradual la mayoría de los programas existentes, manteniendo vigentes solo aquellos que atiendan a circunstancias muy específicas y debidamente fundadas. Deberá asegurar asimismo un manejo transparente de los fondos. El *know-how* y las tecnologías necesarias para ello están disponibles y solo se requiere voluntad política para aplicarlas.

Más allá de la necesaria focalización de los programas, las políticas sociales destinadas a la población más desprotegida deben evitar su fragmentación y su dispersión. Por otro lado, junto a los programas específicos es necesario proveer aquellos servicios sociales de tipo universal –educación y salud principalmente–, teniendo como objetivo primordial la igualación de oportunidades. Lo cual significa diseñar una prestación de calidad destinada a potenciar capacidades de aquellos que están en condiciones más desfavorables. El territorio ofrece un principio natural de organización de este tipo de servicios sociales. Y en esta tarea es inexcusable la participación y presencia de las autoridades locales e instituciones de la comunidad. El punto de partida para una revisión de la política social con este sentido de inclusión es la erradicación del clientelismo. Transparencia, participación local, presencia de la sociedad civil y sus organizaciones, y profesionalismo en la entrega y gestión de los servicios son, además, naturales complementos de lo anterior.

4

El Estado y la estrategia de desarrollo

1. Debilidades institucionales y liderazgo del Estado

La adopción de un modelo de desarrollo basado en la competitividad sistémica y orientado al logro de objetivos de crecimiento sustentable e inclusión social no requiere solo de las ideas correctas; necesita también nuevos marcos institucionales y el perfeccionamiento de los mecanismos estatales, condiciones ambas para el establecimiento y la legitimación de políticas coherentes, flexibles y efectivas. La complejidad de estas cuestiones exige intervenciones en distintos ámbitos de la realidad social, con alcances temporales diversos, convergentes en sus diseños y propósitos, coordinadas en su implementación y sustentadas en acuerdos que les brinden legitimidad social.

El desafío es mayúsculo pues se trata de recrear y reorientar sistemas de reglas formales e informales y lógicas de comportamiento por largo tiempo establecidos, parcialmente contradictorios y sin relaciones de jerarquía entre ellos, todo lo cual facilitó la discrecionalidad y la opacidad en los procesos decisorios, la agudización de la volatilidad macroeconómica y el exacerbamiento de la conflictividad distributiva. Al mismo tiempo, este síndrome ha alimentado desde hace ya varias décadas el despliegue de comportamientos predatorios por parte de agentes económicos.

Si bien la sociedad ha protagonizado periodos de rápido crecimiento, estos no alcanzaron para conformar un régimen sostenible de desarrollo inclusivo ni para superar los desequilibrios asociados a contextos institucionales débiles, como la inflación, la fuga de capitales o las brechas de productividad e ingresos. Por consiguiente, la superación de los resabios de muchas frustraciones requiere cambios jurídicos y culturales que sostengan un régimen de políticas estable y un Estado eficaz, con estímulos para instalar, acrecentar y consolidar eslabonamientos y capacidades innovadoras y emprendedoras a nivel individual, organizacional y de acción colectiva, con esferas de deliberación y de decisión acordes con la complejidad de la sociedad y de sus problemas.

El Estado es el instrumento estratégico para liderar esta transformación, ya que es la herramienta crítica para diseñar y aplicar las reglas e incentivos exigidos por la promoción de un nuevo modelo de desarrollo sustentable, dinámico y atento a los atributos y elecciones de la sociedad. Tras un proceso de profundo deterioro, este Estado no tiene la capacidad para generar incentivos verosímiles para los agentes económicos –excepto aquellos que prometan beneficios de gran magnitud en el corto plazo–. Tampoco, ciertamente, dispone de los instrumentos requeridos para regular las conductas de esos agentes cuando ellas van ostensiblemente en contra del interés general. En consecuencia, no es un Estado confiable, por múltiples antecedentes de cambio en las reglas, de falta de estabilidad en los contratos y por su incapacidad para contribuir a contener las incertidumbres estratégicas, desalentando la inversión y demás condiciones necesarias para la competitividad internacional.

2. Actores, conflictos y volatilidad de las políticas

La historia del país se caracteriza por enfrentamientos reiterados que explican la volatilidad de las política en torno a cuestiones que han dado lugar a planteamientos caracterizados por una fuerte polarización, como el privilegio a las demandas de los grupos rurales o urbanos, la orientación hacia el mercado interno o hacia el comercio exterior o las políticas de inversión o de distribución. Cada una de estas posiciones se expresó en debates sobre la orientación del desarrollo, fundamentando políticas monetarias, tributarias, cambiarias o de financiamiento cuya variabilidad estuvo también asociada a los ámbitos y actores que las impulsaban, cristalizando argumentos y propuestas y dando sostén social a posturas de organizaciones gremiales, partidos políticos, entidades de representación sectorial o regional. La fuerte concentración en la coyuntura explica también sus estrategias organizacionales desentendidas del largo plazo y de la conformación de alianzas abarcadoras de una diversidad de intereses. En ocasiones, la acumulación de estas cuestiones saturó la capacidad de procesamiento y de respuesta de parte del sistema político, y así consolidó su orientación hacia regímenes de política caracterizados por su cortoplacismo y volatilidad.

En escenarios con estos atributos, los juegos entre actores modelan los diseños y la ejecución de las políticas, lo que favorece la persistencia de inercias y conflictos en torno a cómo y con qué fines se utilizan recursos e instrumentos. Este modo de funcionamiento contribuye asimismo a la consolidación de variados mecanismos de captura por actores cuyo poder relativo contrasta con las deficientes capacidades estatales. Por consiguiente, las instituciones y las políticas resultan de una agregación variable de intereses y recursos difícilmente reconciliables, con múltiples instancias de reformulación, negociación, interpretación y conflicto atadas perversamente a lo inmediato y lo particular. Con esta modalidad de funcionamiento de la política, se sedimentaron "geológicamente" sucesivas capas de conflictos, que no hallaron resolución, lo que llevó a que se consolidaran lógicas de acción fundadas en sucesivas "panaceas" que no hicieron más que agravar los problemas. La nueva estrategia debe, por consiguiente, convocar el apoyo de actores sociales con capacidad para modificar los atributos de esos juegos.

La naturaleza de los procesos decisorios y la debilidad del sistema de reglas contribuyeron a reforzar la conflictividad social y a debilitar las capacidades estatales. El resultado fue la existencia de múltiples patrones de reglas, en parte contradictorios y en parte complementarios, sin que llegara a predominar uno de dichos patrones, lo que hubiera permitido resolver situaciones de ambigüedad, tensión, conflicto o hacer frente más eficazmente a cambios en el contexto internacional. Sus incoherencias, y la inestabilidad resultante, provocaron frecuentes situaciones de anomia que estimularon a los diversos actores a intentar redefinir el marco de su acción conforme a sus intereses, con incentivos y sanciones muchas veces aplicados de manera arbitraria, con frecuentes convalidaciones sociales de comportamientos violatorios de las normas establecidas.

Los cambios en circunstancias, contextos y actores no alteraron la recurrencia en la forma de los ciclos –fase de expansión con tasas de crecimiento elevadas, seguida por otra de tasas intermedias con gran volatilidad y, por último, un retorno al crecimiento negativo en situación de crisis importantes– ni los atributos de los debates en torno a su naturaleza y modos de superación. Las respuestas apelaron a distintos marcos analíticos y modelos de referencia para fundar y legitimar las propuestas de políticas, promoviendo baterías de instrumentos y mecanismos organizacionales. Cada cambio en el contexto o en los escenarios dio lugar a reformas oportunistas o adaptativas de políticas, con frecuencia sin el respaldo de análisis rigurosos ni de acuerdos entre actores.

Los virajes que se sucedieron durante el siglo XX, especialmente los que acontecieron en el período de entreguerras y en el de la segunda posguerra, se produjeron en el marco de rupturas institucionales que les restaron legitimidad a los sucesivos modelos económicos y contribuyeron a dificultar el aprendizaje socio-cultural y político por parte de los actores clave y de la sociedad en su conjunto.

Un primer escenario presenció el cuestionamiento inicial al modelo agro-exportador basado en las ventajas comparativas vigente durante décadas y que fue el constructor de una institucionalidad que combinó el libre cambio con mecanismos de regulación estatal bajo el predominio político de los intereses ligados a la producción primaria y al comercio exterior. Luego, las políticas de industrialización sustitutiva de importaciones dirigidas por el Estado superpusieron diferentes capas de protección y regulación, generando una economía política con asociaciones diversas entre actores estatales y privados en la que cada concesión sectorial era considerada una "conquista" permanente a expensas de otros actores. Una suerte de neocorporativismo social combinó fenómenos de "colonización" del sector público con la expansión de los mecanismos estales, con frecuencia resultantes de demandas circunstanciales sin atención a las consecuencias de largo plazo, de modo que se conformaron patrones de políticas basados en formas de representación y legitimación con notables inercias institucionales. Junto al hiperpresidencialismo y a recurrentes brotes autoritarios, este patrón de políticas desvalorizó el valor de las instituciones y de los mecanismos políticos, multiplicando los ámbitos para el ejercicio de intentos de incidencia sobre los procesos de políticas.

Este círculo vicioso se acentuó dramáticamente cuando los conflictos económico-sociales quedaron subordinados a un enfrentamiento político sin resolución por vías institucionales. El retorno a la democracia no logró recuperar ni consolidar una institucionalidad republicana o sostener procesos de perfeccionamiento del Estado. Las reformas emprendidas en los años noventa dejaron un Estado reducido en su tamaño y funciones y, en particular, empobrecido en sus capacidades para la formulación y la implementación de políticas y regulaciones. Ya en este siglo, la holgura fiscal no fue aprovechada para llevar adelante políticas consistentes con una visión de largo plazo. La creciente desarticulación de un sistema de partidos históricamente débil, la subordinación del Congreso y de los gobiernos provinciales a los dictados de un Poder Ejecutivo Nacional cada vez más centralizado, un escenario de competencia política parcialmente arrasado por elementos expresivos de elevada resonancia popular, junto a las múltiples falencias del sistema judicial, fueron apenas algunas de las consecuencias más evidentes de la lógica institucional y de la baja calidad de la política que predominaron a partir de principios de siglo.

3. Opciones y panaceas de política

Estas tensiones permanentes entre actores, capacidades y marcos de ideas dieron lugar a que diversas panaceas fundaran las opciones de política. Con la problematización creciente de los modelos de políticas, distintos actores fueron abrazando panaceas que, por su elevado contenido simbólico contribuyeron a radicalizar posicionamientos y alejar las posibilidades de acuerdos. A lo largo de los pasados 40 años durante los cuales se desenvuelven los tres últimos ciclos de nuestra trayectoria económica, las cuatro *panaceas* que predominaron fueron, sucesivamente, las siguientes:

1. en la primera mitad del ciclo 1976-1989, se desplegó la *panacea autoritaria* de la última dictadura militar (que gobernó entre 1976 y 1983), que pretendió gestar una revolución capitalista "desde arriba", disciplinando la sociedad con la "fuerza de la espada";

2. en la segunda mitad de ese ciclo, que se corresponde con la presidencia del restablecimiento democrático (1983-1989), emergió la *panacea democrática*, que se apoyó en la recuperación del Estado de derecho y los ideales republicanos; estos valores resultaron insufi-

cientes para acomodar las tensiones económicas de la transición, ya que el presunto remedio descansó en la ilusión de que la mera vigencia de la soberanía popular expresada en el voto disolvería los dilemas;

3. en el segundo ciclo, que se corresponde con el período de predominio del enfoque de mercado y de reformas económicas inspiradas por el Consenso de Washington y los organismos multilaterales, predominó la *panacea neoliberal*, que apostó a que la "magia del mercado" y la desestatización a ultranza eliminaría las trabas y distorsiones que impedían el desarrollo; y finalmente,

4. la *panacea del siglo XXI*, que supuso que la movilización estatista y el activismo cesarista removerían los obstáculos del pasado y los problemas acumulados a lo largo de los fracasos previos.

4. Marco para la reconstrucción de las instituciones y capacidades estatales

Esta caracterización del contexto institucional y de la calidad de las políticas tiene consecuencias que hacen extremadamente difícil avanzar en la satisfacción de los requerimientos de un nuevo modelo de desarrollo competitivo e inclusivo. Varias dimensiones deben atenderse de manera de dar consistencia y viabilidad a la estrategia que se propone.

Los acuerdos sociales. Esta satisfacción requiere acuerdos duraderos entre actores políticos y sociales que protejan el espacio de las políticas de las presiones de intereses particulares, que posibiliten decisiones con horizontes temporales de largo plazo y aseguren la coherencia entre sus contenidos atendiendo a su complejidad e interdependencias. Por ello, los atributos de los actores sociales son críticos: su capacidad de articular sus demandas coyunturales con visiones de largo plazo, su predisposición a ingresar y mantener relaciones colaborativas para la superación de conflictos, su integración a redes de actores que compartan un común respeto a las reglas establecidas, así como el aprendizaje sistemático favorecen su inserción en relaciones productivas y que lleven a una mejor competitividad sistémica. A través de diversos incentivos de política, la información y las capacidades analíticas a disposición de organizaciones representativas de intereses podrían reforzarse, en particular apelando a centros académicos y profesionales para tareas de asesoramiento, análisis y capacitación.

La revisión normativa. La revisión de las normativas estatales y de sus estructuras también es deseable de manera de hacerlas más ágiles en la percepción de sus problemas y en la resolución de los desafíos impuestos por condiciones competitivas y por eslabonamientos más exigentes. Para todo ello, podrían crease mecanismos de promoción de acciones colectivas de desarrollo de capacidades, para esa acción colaborativa y para el fomento de la innovación. En particular, puede apelarse a instrumentos experimentados con éxito en diversos contextos, incluso nacionales, con financiamiento estatal accesible a través de mecanismos concursables y transparentes que alienten la conformación de núcleos colaborativos para el acceso y el desarrollo de mercados. La estructuración de cadenas, de *clusters*, junto a acciones de desarrollo territorial que combinan infraestructura, servicios y apoyos tecnológicos y comerciales, forman parte de este conjunto de posibilidades.

La administración del Estado. Cada una de las panaceas que inspiraron las políticas planteó el objetivo de reconstruir el aparato estatal pero sin viabilidad perdurable, con sucesivas fugas hacia delante. El resultado fue una continua erosión de lo público y de la convivencia social. Se postergaron cuestiones vinculadas a su eficiencia, eficacia y transparencia, deterioradas crecientemente por el vaciamiento de sus capacidades analíticas y por la destrucción de sus sistemas de información y de control social. La ausencia de evaluación de los resultados e impactos puso obstáculos a la identificación de desvíos políticos, legales y operativos en la implementación de políticas, y al aprendizaje social. La carencia de un sistema de servicio civil que premie el mérito en el reclutamiento y en las promociones sobre la base de desempeños lo convierte en un objeto fácilmente colonizable y apropiable por grupos particulares, con brechas enormes entre las intenciones enunciadas y las consecuencias de las políticas. La proliferación de tratamientos especiales en el diseño o la aplicación de políticas y el bajo valor dado a las competencias del Estado para hacer controlar el cumplimiento de las normas existentes (*enforcement*) agrava este cuadro. Por cierto, la perdurabilidad de estos fenómenos contribuye a explicar la muy baja credibilidad y calidad de las políticas, la inestabilidad de sus contenidos, la debilidad de sus fundamentaciones analíticas, la ausencia de mecanismos que aseguren orientaciones interjurisdiccionales e intersectoriales compartidas, la coordinación en la implementación y la correspondencia de sus resultados con las aspiraciones que las fundamentan.

El papel de la conducción superior del Estado. El modelo de desarrollo que se propone requiere de una atención más integrada de las problemáticas del desarrollo. Esto plantea desafíos técnicos y organizativos para los que la estructuración actual del Estado no está preparada. La nueva estrategia debe reforzar el "centro del gobierno" como ámbito de análisis, actualización y evaluación de estrategias y políticas, de identificación y seguimiento de cuestiones y programas críticos, y de "comando" del proceso de desarrollo, focalizado en "el todo" y con la mirada puesta "a lo lejos", acompañado de una institucionalidad que revalorice la planificación con orientación estratégica, los planes y presupuestos plurianuales y la evaluación de resultados e impacto. A este nivel, integrado por la Presidencia y la Jefatura de Gabinete, deben articularse las estrategias macroeconómicas, de desarrollo de las capacidades productivas y las posibilidades de una correcta y conveniente inserción internacional. Sin ámbitos superiores que atiendan a la integralidad del proceso de desarrollo, de sus desafíos y a la distribución de sus beneficios, la sectorialización actual del Estado nacional seguirá contribuyendo a fraccionar o segmentar los problemas y las acciones estatales.

Los mecanismos para la consistencia, la atención de la complejidad y la ejecución de las políticas. Una forma de atacar estos fenómenos es la conformación de mecanismos transversales de coordinación, monitoreo y evaluación para la implementación y seguimiento de las políticas referidas a, entre otros campos, la innovación, la competitividad, el desarrollo territorial, el apoyo al desarrollo de capacidades empresariales, la promoción del comercio exterior y la atracción de inversión extranjera directa. Visiones prospectivas, atención a la complejidad de las políticas públicas, comprensión de procesos e interdependencias, coherencia en los programas y coordinación efectiva al interior del sector público y diálogos con las organizaciones privadas y sectoriales están débilmente establecidas en la estructuración estatal. Estos mecanismos podrían servir como ámbitos de concertación de políticas, de programación conjunta y de coordinación de la acción y de ejecución de programas prioritarios.

Recreación de mecanismos de planificación estratégica. El desarrollo está fuertemente condicionado por las decisiones que se adopten y que contribuyen a definir la inserción internacional del país. Esta inserción no ha sido el producto de una planificación estratégica consistente y de largo plazo. Por el contrario, se apoya en las ventajas cambiarias logradas circunstancialmente, o en acuerdos políticos que dependieron para su implementación de la capacidad de reacción del sector privado para aprovechar mejoras eventuales de competitividad o de acceso a mercados. No se trata de volver a esquemas excesivamente voluntaristas, centralizados e ignorantes de las tensiones entre actores, sectores y contexto que caracterizaron la planificación practicada durante décadas, sino a esquemas flexibles, abiertos a la participación de los actores y, particularmente, dirigidos a la construcción de sinergias y articulaciones en lo productivo y de legitimidad en lo social

Un nuevo pacto fiscal y su inclusión en el marco de la estrategia. Los problemas que se han señalado arriba han tenido diversas formas de expresión: conflictividad social, volatilidad y estancamiento económico, inflación alta, para mencionar solo algunas de ellas. Una configuración particular ha sido la aparición recurrente de situaciones de crisis de las finanzas públicas. Su expresión visible ha sido el desequilibrio del presupuesto en magnitudes que han resultado inmanejables. Al tiempo que alimenta el proceso inflacionario, la insolvencia fiscal limita los grados de maniobra de los instrumentos monetarios –"dominancia fiscal", en la jerga de los economistas–. De manera similar, en aquellos episodios donde se acotó el financiamiento del Banco Central, el desborde llevó al crecimiento de la deuda pública externa. Al principio, el proceso luce de corte benigno: no se necesitan ajustes, la deuda facilita la preservación o aumento del nivel de actividad, del empleo y hasta de salarios reales en ascenso. De manera más o menos repentina, el ciclo de endeudamiento se interrumpe y obliga a cambiar la trayectoria. En estas circunstancias, la modificación del curso económico, financiero y fiscal es traumático, tal como analizamos en el capítulo 2.

Sin embargo, sería erróneo limitar el problema de las finanzas públicas al desequilibrio excesivo de las cuentas de ingresos y gastos. La cuestión va más allá de la magnitud. Al tiempo que el entramado de presiones sectoriales y actores sociales de diversa índole presionan y desbordan las limitaciones del presupuesto, la economía del sector público va perdiendo, a veces de manera acelerada y dramática, su eficacia. Sus funciones esenciales se desdibujan. Por un lado, el presupuesto fiscal pierde sus propiedades de asignación de recursos –los programas de gasto dejan de tener objetivos y metas claras, los proyectos de inversión no se encuadran en programas de más largo aliento y con frecuencia no responden a prioridades estratégicas–. Por otro lado, los propósitos redistributivos de la acción pública se dispersan en un conjunto de actividades que no están evaluadas y que con frecuencia sus efectos se cancelan con programas que se encuentran en otras áreas del presupuesto. Es más, el impacto inflacionario de las cuentas públicas distorsiona la capacidad redistributiva del gasto. Asimismo, la carencia de una trayectoria sostenible de los grandes agregados del presupuesto disminuye la potencia de este para moderar los efectos del ciclo económico. Hay suficiente evidencia en Argentina que indica que, salvo contadas excepciones, las finanzas públicas han tenido un desempeño procíclico. Los períodos de bonanza también imprimen una nota del mismo signo a la política fiscal, y lo inverso ocurre en la fase negativa del ciclo por cuanto se han agotado las posibilidades de financiamiento público.

Más aun, en el caso de Argentina, estas disfuncionalidades de la economía pública se acrecientan dada la naturaleza federal del país. Como es sabido, el régimen de coparticipación de impuestos es una materia pendiente. En su ausencia, opera un mecanismo de hecho que está plagado de discrecionalidades y de vacíos que se cubren según las necesidades de la gestión y de las negociaciones políticas entre el gobierno nacional y las provincias. Cuando la relación de fuerzas es favorable al gobierno central y abundan los recursos fiscales, el mecanismo se inclina hacia la centralización. En el caso opuesto, la gestión fiscal encara dificultades crecientes y es difícil encontrar soluciones cooperativas entre los distintos actores.

El otro factor de desbalance estructural de las finanzas públicas es el sistema de previsión social. A pesar de las distintas reformas que se llevaron a cabo –donde en pocos años se recorrieron soluciones polares–, el sistema jubilatorio aún tiene pendientes definiciones básicas sobre la cobertura y los haberes que abren interrogantes acerca de su futuro a mediano y largo plazo. Entretanto, el esquema actual es motivo de continua litigiosidad judicial acerca del cumplimiento del nivel de las pensiones.

A todo lo anterior se agrega el hecho de que el presupuesto inyecta recursos a distintas empresas con participación estatal, en algunos casos para cubrir déficits operacionales y en otros para distribuir subsidios tarifarios a diversos grupos de usuarios.

Finalmente, en una mirada abarcadora como la trazada aquí, la política y la administración tributaria también requieren de acciones que llevarían a un mejor desempeño. En parte la urgencia en el frente impositivo ha resultado menos visible en razón del significativo incremento de la recaudación. Pero esto no la hace menos necesaria. Argentina es hoy uno de los países con mayor presión tributaria junto a Brasil. Llama la atención que este notable desempeño haya sido el resultado de una suma de distorsiones antes que de medidas de diseño explícito. Así, por ejemplo, la ausencia de ajustes por inflación en el impuesto a las ganancias de las personas jurídicas o de correcciones parciales en las escalas de deducciones de las rentas de las personas físicas llevaron a un incremento de más de 30% de la recaudación de dicho impuesto en términos del PBI en el lapso de diez años. De igual forma, la imposición de los créditos y débitos bancarios introducida como medida de excepción frente a la crisis en 2001 se ha mantenido vigente desde entonces. En la configuración actual del sistema tributario se dan cita tres características principales. Primero, el eje recaudatorio está construido sobre impuestos indirectos de la nación y de las provincias, que conviven junto a impuestos directos sobre el patrimonio de rendimiento bajo (impuesto a los bienes personales e inmobiliario provincial) o con severas distorsiones –tal el caso del impuesto a la renta–. Segundo, y con relación a las propuestas que aquí se hacen en términos de modernización productiva, cabe señalar que el sistema tributario contiene importantes estímulos a la inversión que cuentan con una larga historia. En términos de recursos, su magnitud equivale a lo que aporta la imposición a la renta de las personas físicas y representan casi 10% de la recaudación total de la nación. Está pendiente sin embargo una evaluación de los resultados del esquema y propender a su reforma si así se justifica. Los incentivos tributarios no pueden ser considerados derechos adquiridos a perpetuidad. La tercera característica es la presencia de elevada evasión en los principales impuestos, situación que se vincula en parte con los regímenes de excepción. La frecuente reiteración de las amnistías tributarias tampoco son un aliciente para el mejor cumplimiento de los contribuyentes. En pocas palabras, la agenda de la reforma tributaria no es un texto de título único. Es necesario revisar el desempeño y la administración de diversos tributos con el propósito de avanzar en la equidad horizontal y vertical, pero sin perder de vista el objetivo del financiamiento de las funciones del sector público, tanto a nivel nacional como provincial.

En síntesis, el cuadro descripto brinda una idea de la magnitud y complejidad de las funciones que lleva a cabo la economía pública. Su funcionamiento requiere algo más del 40% del PBI del país, y los recursos fluyen a través de los gastos que canalizan el presupuesto nacional, las provincias, los municipios, la seguridad social y las empresas. La pregunta entonces es cómo otorgar una mayor solvencia a las finanzas públicas en sus distintos niveles y, a la vez, ganar en eficacia en el uso de los recursos públicos.

La línea de acción pasa por reformas institucionales donde deben conjugarse elementos de legislación, pero que resultarían insuficientes en ausencia de mejoras en las prácticas y procedimientos de aplicación. De hecho, Argentina ha ensayado instrumentos legislativos para el mejor manejo de las finanzas públicas, pero que se han desvirtuado en la práctica por aplicación parcial y la no adopción de las rutinas de trabajo que involucran a los distintos organismos del Estado. En lo que hace a reformas de legislación, el énfasis debe estar puesto en el régimen de coparticipación

federal, previsión social, revisión de la Ley de Administración Financiera y modernización de los mecanismos de
control interno y externo, y el presupuesto plurianual de
las inversiones públicas, acompañados de los respectivos
programas y políticas sectoriales. Varias de estas reformas
también deben hacerse extensivas a las provincias, dado que
estas son ejecutoras de importantes programas, especialmente en lo que concierne al gasto social en educación y
salud. El planteo anterior, más allá de que resulta ambicio-
so, podría servir como hoja de ruta a largo plazo para ir
reuniendo consenso en torno de él. Sin embargo, la pregunta que surge es si el actual Estado en materia de diseño
institucional del sector público –legislación y práctica– es
la resultante del juego de presiones al que están sometidos
los distintos actores tanto públicos como privados. Si tal
fuera la situación, las reformas postuladas estarían sujetas
a la revisión y reversión del caso, toda vez que ellas no se
acomoden a los distintos grupos de interés.

5. Desafíos de la transformación institucional y el Estado

En síntesis, una estrategia capaz de poner en marcha el
conjunto de políticas discutido en los puntos precedentes
demanda, además de la movilización de actores y la conformación de acuerdos, capacidades institucionales, reformas
organizativas y el fortalecimiento de los actores económicos y sociales. En particular son necesarios arreglos políticos fundados en una visión de largo plazo que propendan
a una mayor coherencia intertemporal e intersectorial, y
resulten del despliegue de capacidades analíticas para definir prioridades y para evaluar alternativas.

Por cierto, para avanzar por este sendero es necesario
resolver desafíos complejos y satisfacer condiciones muy
exigentes. No pueden encararse reformas tan ambiciosas

sin selectividad en la acción, con privilegio de aquellas con mayor impacto estratégico y replicativo. Es recomendable, por lo tanto, definir un sendero crítico para las reformas, comenzando por un pequeño conjunto de organizaciones estatales con competencias en la formulación e implementación de políticas críticas que requieran aportes multidisciplinarios y multiinstitucionales, elevada profesionalización, mandatos claramente definidos y flexibilidad en la acción.

A modo de conclusión

Este trabajo ha presentado un conjunto de ideas y propuestas que son el resultado de la reflexión colectiva de los autores. El documento está lejos de ser un programa o estrategia de desarrollo a la espera de "un príncipe" capaz de llevar a cabo su contenido. Creemos que esa sería una lectura errónea. En primer lugar, porque como aquí se ha argumentado, Argentina ha pagado caro apegarse a lo que hemos denominado como "panaceas", que se instalan de manera repentina y cambiante, y que se postulan como la solución a viejos e intrincados dilemas. Y en segundo lugar, porque las propuestas que realiza el trabajo en los temas que se abordan constituyen un boceto útil para identificar los contornos, pero carecen del suficiente detalle para la formulación de políticas, dado que tampoco es ese el propósito.

Por ambas razones, la intención que motiva el análisis es, primordialmente, contribuir al desarrollo de un debate abierto y en profundidad que según creemos aún está pendiente en la sociedad argentina. Se trata de una deliberación que debería idealmente alcanzar tanto a la dirigencia política en su sentido más amplio y también a la sociedad civil, en sus diversos ámbitos de expresión. Ciertamente, dentro de ese espacio, el gobierno ocupa un lugar destacado porque dispone de los recursos institucionales y políticos para animar y dar curso al debate y, eventualmente, transformar sus contenidos en políticas.

En términos de las líneas argumentales del trabajo, se puede afirmar que hay tres ideas principales que recorren las páginas anteriores. La primera noción es la existencia de ciclos económicos donde las fases expansivas desembocan en crisis relativamente agudas. La estrategia y las políticas que se aplican tanto para apoyar los años de expansión como para buscar los remedios de las causas de las crisis han sido de inspiración variada y responden a objetivos de direcciones contrapuestas. De esta manera, Argentina carece de la continuidad necesaria en los que deberían ser pilares de su desarrollo y de las políticas de largo aliento que le dan sustento. Las consecuencias de estos cambios frecuentes de sendero han sido un crecimiento bajo e inestable, incapacidad para la generación de empleo en la cantidad y calidad suficiente, y el aumento de la pobreza. En el plano institucional, se destaca la debilidad del Estado, cuya expresión más palpable es la dificultad para cumplir con sus responsabilidades esenciales, sea en la provisión de bienes públicos, la política social y su contribución a la gestión macroeconómica.

El segundo elemento que, según nuestra interpretación, ha sido determinante en la reversibilidad de las estrategias y de las políticas es la inserción de la economía argentina en el contexto regional y global. Esto comprende tanto al comercio como a los flujos de finanzas, inversiones y tecnología. Observamos así que cuando el cuadro externo ha exhibido momentos favorables, las respuestas domésticas no han sido funcionales para aprovechar la potencialidad y beneficios de este. Por otro lado, cuando los tiempos cambian y la economía internacional se vuelve hostil, las soluciones internas parecerían apoyarse en la creencia de que es posible vivir a una distancia más que prudente del resto del mundo.

Estrechamente relacionado con lo anterior, y esta es la tercera noción que se ha postulado aquí, está que para superar esta ambivalencia que pivotea entre el aislamiento y la incapacidad para aprovechar los potenciales beneficios de la inserción internacional, se requiere la modernización y transformación de la estructura productiva actual. Se ha señalado con énfasis que esta transición entre la situación actual y una de mayor conexión con la economía global tiene costos significativos y que deben ser mitigados con los instrumentos y recursos que se encuentren disponibles. Entendemos que la cuenta económica y también social de la transformación resulta favorable. Es decir que los costos que supone la reasignación de recursos entre unas y otras actividades serán más que compensados por los beneficios que pueden aportar aquellos sectores con potencial para competir internacionalmente. Sin embargo, este saldo positivo no es de realización inmediata. Se trata de un proceso que transcurre en el tiempo y exige continuidad de la estrategia y de las políticas.

Se agrega además otro término en la ecuación y es el hecho de que, más allá de las capacidades para enfrentar los términos domésticos del desafío, el panorama externo que se presenta es sumamente complejo. Los conflictos de paz y seguridad ocupan un lugar alto en la agenda geopolítica. Asimismo, la economía global se está organizando bajo nuevas reglas en materia de comercio, con múltiples ejes de poder económico, y donde el multilateralismo parece haber quedado en el pasado. La necesidad de buscar entendimientos profundos y sustantivos en el plano regional es hoy más imperiosa que antes. En una palabra, el camino hacia una Argentina más abierta no supone abrazar un orden mundial ordenado y próspero. Pero, con independencia de nuestras preferencias, esos son los parámetros duros de una era de globalización que sigue su curso.

Vale la pena preguntarse si caben opciones frente al dilema planteado. Creemos que la respuesta es negativa. Hay suficientes evidencias que indican que Argentina ha encontrado obstáculos serios a su desarrollo recurriendo a las "panaceas" y a esta inserción dubitativa con la economía global. Es más, entendemos que ese camino de continuidad por la ruta conocida no tiene sorpresas. Los resultados están hoy a la vista y no son motivo de entusiasmo. En consecuencia, se propone aquí que ha llegado el momento de emprender una transformación más profunda. El *statu quo* no es atractivo y muy probablemente las demoras de una respuesta habrán de devenir en mayores dificultades.

Para volver al principio de estas reflexiones finales, sostenemos en consecuencia la necesidad de conducir un debate a fondo de estos desafíos, a sabiendas de que no son sencillos y de que las respuestas a cada dificultad no son unívocas. En esa línea, creemos que el actual gobierno está intentando, aun con dificultades, avanzar en la normalización del funcionamiento de la economía frente al insostenible curso anterior, aunque al momento de escribir este trabajo aún no puede saberse con certeza cuáles serán sus resultados. De la misma manera, los esfuerzos para la reinserción de Argentina en el mundo parecen inscribirse en la dirección delineada más arriba. Sin embargo, creemos que la iniciativa oficial es insuficiente en un doble plano respecto de lo analizado en este documento. Primero, porque el gobierno no ha presentado hasta ahora un planteo estratégico integral y de las distintas piezas que lo componen. La táctica de ir resolviendo problemas coyunturales y urgentes sin una hoja de ruta más general tiene el riesgo de los tropiezos del pasado: la reversibilidad de los cursos de acción. Segundo, porque la ausencia de una formulación gubernamental de mayor alcance inhibe la posibilidad de focalizar la discusión en los desafíos que resultan relevantes en el largo plazo. Por el contrario, se requiere una convocatoria amplia, transparente y destinada a poner de manifiesto los beneficios pero también los costos de una Argentina integrada al mundo, asumiendo el liderazgo en materia de decisiones. Esta es una materia sobre la cual la actual administración solo se ha pronunciado, hasta ahora, en forma fragmentaria y parcial.

Apéndice 1

La demanda mundial de alimentos y las condiciones del mercado internacional en las próximas décadas

La Argentina es uno de los principales productores y exportadores de productos agroindustriales. Una tesis central de este documento es que la agroindustria, en realidad la bioeconomía para ser más precisos, debe ser uno de los principales pilares en la futura estrategia de desarrollo del país. Consecuentemente, la situación de la demanda mundial de alimentos y los precios esperados para los principales productos de exportación del país son un elemento fundamental del contexto internacional. Este contexto es un elemento central para definir tanto la estrategia de desarrollo económico como las mejores opciones de inserción internacional del país.

En el período 2004 a 2007 el precio de los principales productos de origen agropecuario tuvo una fuerte tendencia alcista que corrigió más de 30 años de una progresiva disminución de los precios y, consecuentemente, el marcado deterioro de los términos de intercambio del país.

El impacto tanto macroeconómico como microeconómico en el sector agroindustrial fue importante y permitió buenas rentas, acumulación de capital, modernización pro ductiva y captación de excedentes económicos por parte del Estado. Sin embargo, a partir del ciclo agrícola 2013-2014, los precios han declinado de manera sustantiva, sobre todo en los cereales y oleaginosas, que son los principales productos de exportación de la Argentina. Esto ha recreado, una vez más, la ansiedad sobre la posible evolución del mercado internacional y la forma en que los precios internacionales podrían afectar y condicionar el desarrollo económico del país.

El gráfico A1.1 exhibe las tendencias a largo plazo de los precios de los alimentos a nivel mundial.

Gráfico A1.1

LOS PRECIOS DE PRODUCTOS BÁSICOS SIGUEN CICLOS DE LARGA DURACIÓN

Real Non-oil Commodity Price Components, Total Index, 1865-2010
(Log Scaling)

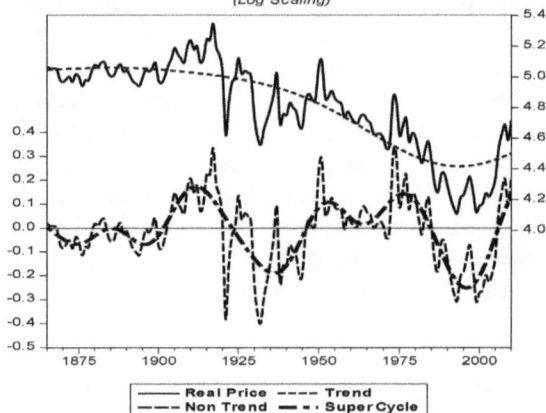

Fuente: Ocampo, J. A. (2013), *El auge de los precios de productos básicos y el riesgo de enfermedad holandesa en América Latina*. Boletín Informativo Techint.

Pueden verse tres componentes principales. El primer componente es un comportamiento cíclico del precio. El autor del gráfico, José Antonio Ocampo, lo describe como una tendencia cíclica de 10 por 20. Es decir, un ciclo con 10 años de buenos precios y 20 de malos precios. El segundo componente es la tendencia de largo plazo del precio determinado, principalmente por las relaciones estructurales entre la oferta y la demanda de alimentos Este segundo componente es importante para explicar la tendencia declinante de los precios entre 1950 y 2007. Finalmente el tercer componente es la volatilidad de corto plazo asociada a los efectos climáticos y al comportamiento de los fondos de inversión.

La mayoría de los analistas ha asociado el componente cíclico del precio de los alimentos con los ciclos de la economía mundial y con variables asociadas a él, como la paridad cambiaria del dólar, las tasas de interés, y en gran medida con el precio de los combustibles fósiles.

Por otra parte, la caída secular del precio de los alimentos está explicada como el resultante de las relaciones estructurales entre la producción y la demanda mundiales. En esta relación la producción mundial está definida principalmente por dos factores: la incorporación de nuevas tierras a la producción y la innovación tecnológica. A su vez la demanda global estuvo principalmente definida por el crecimiento poblacional y el incremento de los ingresos per cápita que permitieron un mayor consumo.

La pregunta principal para un país exportador de productos agrícolas como la Argentina es el posible comportamiento futuro de los mercados y los precios. Nuestra tesis principal es que el componente cíclico seguramente estará presente e influirá en el comportamiento de los precios durante las próximas dos décadas, aunque es imposible predecir la magnitud o regularidad exacta de dichos ciclos. Por el contrario las relaciones estructurales entre oferta y demanda que forzaron la tendencia declinante de los precios durante el periodo 1950-2007 parecerían haberse modificado de manera estructural, al menos para las próximas dos décadas

Una serie de elementos que actúan como modificadores (*shifters*) del equilibrio estructural entre oferta y demanda están presentes en formas e intensidades distintas que en el pasado. Por el lado de la demanda cuatro factores tienen una importancia crucial. Primero, el descomunal crecimiento económico, tanto global como per cápita, en las grandes economías de Asia que además concentran una proporción muy importante de la población mundial. Este crecimiento económico rápido y simultáneo en los países que tienen más de la mitad de la población mundial es un hecho único en la historia reciente de la humanidad. Segundo, las políticas de distribución del ingreso aplicadas con éxito en muchos países del mundo potenciaron los impactos del crecimiento económico en términos del ingreso per cápita y consecuentemente la expansión de la clase media. Tercero, la creciente preocupación mundial por la seguridad alimentaria, su reconocimiento como un derecho universal, y los esfuerzos en cuanto a políticas públicas para aumentar el acceso a los alimentos por parte de los sectores pobres de la sociedad. Y cuarto, la creciente utilización de los productos primarios agrícolas para la producción de bienes no alimentarios tales como combustibles y plásticos.

Estos cuatro fenómenos económicos y políticos determinaron durante las últimas dos décadas un importante incremento en la demanda de la producción agropecuaria a nivel mundial. Asimismo generaron un cambio en la composición del consumo por un aumento más que proporcional de proteína animal, la cual demanda un mayor uso de recursos naturales escasos por unidad de consumo (calorías).

Simultáneamente, la capacidad de respuesta de la oferta se hace cada vez más difícil y dependiente de la innovación tecnológica. Si bien todavía hay tierras agrícolas y agua de riego que no están siendo utilizadas, su disponibilidad se hace cada vez más escasa, en términos económicos, inclusive en países como Argentina. La tierra que podría ser incorporada tendría costos de producción más altos, tanto por su inferior calidad agronómica como por su distancia a los mercados. Consecuentemente, si bien la incorporación de nuevas tierras podría aumentar la oferta de alimentos, estos requerirían precios más altos.

Este análisis sugiere dos cosas. Primero, que la innovación tecnológica que fue el principal factor que explica la expansión de la producción a precios declinantes durante más de seis décadas es también la principal incógnita para estimar las condiciones del mercado en el futuro. Segundo, que no mediando una nueva revolución tecnológica, de similar o mayor importancia e impacto que la así llamada "revolución verde" iniciada en los años 70, la relación estructural de largo plazo entre oferta y demanda debería ser relativamente estable o con una leve dominancia de la demanda. Consecuentemente, la tendencia de largo plazo del precio de los alimentos, una vez eliminado el efecto de los ciclos económicos, también debería ser estable o levemente creciente.

Este razonamiento está sustentado por las proyecciones de oferta y demanda y precios que han realizado tanto la OECD/FAO como el IFPRI. En ambos casos se proyectan precios estables a los niveles actuales en cereales y oleaginosas y un leve aumento en el caso de las proteínas animales, especialmente la carne bovina Sin embargo, es importante señalar que la metodología utilizada en ambos casos no incorpora dos elementos importantes: a) los elementos cíclicos descriptos, y por lo tanto tienden a estimar precios más estables que los realmente esperables, y b) la posible volatilidad de corto plazo que resulta de diversos factores tales como la aleatoriedad climática y el efecto pro-cíclico de la actividades financieras en el mercado de los productos básicos.

Apéndice 2

Emergencia de un mundo multipolar. Opciones y oportunidades para la Argentina

El crecimiento económico mundial ha sido durante las últimas dos décadas bastante dispar entre países y regiones. Como regla general las economías en desarrollo crecieron más rápidamente que las desarrolladas, lo cual generó, por primera vez en la historia, un proceso de convergencia económica.

Este rebalanceo de la economía mundial estuvo también acompañado por un crecimiento particularmente importante por parte de ciertos países en desarrollo que se han convertido en algunas de las economías más importantes del mundo, tales como China, India y en menor medida, Brasil. El cuadro A2.1 presenta las tasas de crecimiento en países y regiones seleccionadas y las proyecciones al 2030. Estas últimas muestran que la preeminencia de las economías emergentes está proyectada a aumentar en forma significativa. Es particularmente importante la pérdida de importancia relativa de la Unión Europea y el aumento en importancia de China.

Cuadro A2.1

INTERNACIONAL

PBI mundial por regiones
(En miles de millones de dólares y participaciones en el PBI mundial)

Mil millones de dólares

	1980	1990	2000	2013	2030*
Mundo	10.907	22.397	32.719	73.454	168.410
Unión Europea	3.654	7.047	8.540	17.267	24.370
Estados Unidos	2.862	5.980	10.290	16.724	31.251
China	303	390	1.198	8.939	31.924
Japón	1.087	3.104	4.731	5.007	6.812
Reino Unido	542	1.025	1.497	2.490	4.421
Resto del Mundo	2.457	4.852	6.463	23.027	69.632
América Latina y el Caribe	*844*	*1.159*	*2.158*	*5.774*	*13.958*

Participaciones

	1980	1990	2000	2013	2030*
Mundo	100,0%	100,0%	100,0%	100,0%	100,0%
Unión Europea	33,5%	31,5%	26,1%	23,5%	14,5%
Estados Unidos	26,2%	26,7%	31,4%	22,8%	18,6%
China	2,8%	1,7%	3,7%	12,2%	19,0%
Japón	10,0%	13,9%	14,5%	6,8%	4,0%
Reino Unido	5,0%	4,6%	4,6%	3,4%	2,6%
Resto del Mundo	22,5%	21,7%	19,8%	31,3%	41,3%
América Latina y el Caribe	*7,7%*	*5,2%*	*6,6%*	*7,9%*	*8,3%*

Fuente: FMI
*Proyección propia

Fuente: Ricardo Arriazu, Seminario Banco Ciudad, Bs. As., 2015.

Este nuevo mapa económico del mundo está dando lugar a un mundo que es al mismo tiempo, por un lado multipolar, con varios polos dominantes; y por otro, lo que Félix Peña denomina un mundo multiplex, es decir, con muchos ámbitos de importancia comercial. Un mundo en el cual la importancia económica, la capacidad de influencia política, el origen de las inversiones trasnacionales y la participación en el comercio internacional está mucho más distribuida que en el pasado. Las proyecciones que se presentan en el cuadro anterior sugieren que estas tendencias se mantendrán o acentuarán durante la próxima década, y generarán nuevos liderazgos, cambios significativos en los flujos comerciales y nuevas oportunidades para países exportadores como la Argentina.

La ampliación de actores relevantes en el comercio internacional, la creciente importancia de Asia en el comercio, especialmente de productos primarios incluyendo los alimentos, es de particular importancia para Argentina en su calidad de gran exportador de productos agroalimentarios. En el nuevo contexto internacional se abren espacios importantes para construir una inserción internacional más equilibrada con una mayor autonomía, flexibilidad y capacidad para negociar acuerdos comerciales.

Tal como puede verse en el gráfico A2.1, el comercio internacional aumentó de manera sostenida durante el periodo 1986-2007 para decaer significativamente durante el último quinquenio como consecuencia de la crisis económica internacional.

Gráfico A2.1. Fuerte desaceleración del comercio internacional

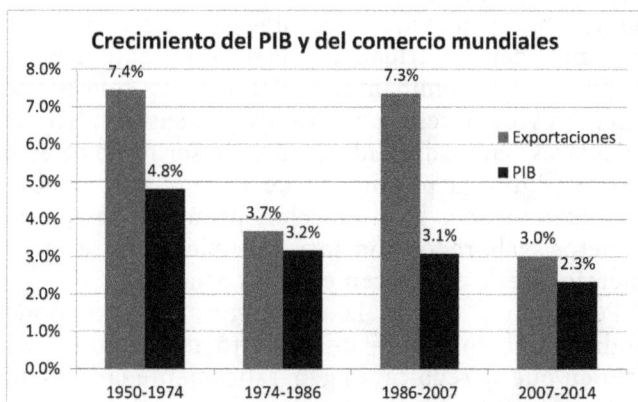

Fuente: J. A. Ocampo, Seminario INTAL-UBA, Bs.As., 2015.

Esta caída en el comercio mundial, menos acentuada en el caso de los productos alimentarios, también está acompañada por dos fenómenos contrapuestos: a) la creciente importancia de los países en desarrollo como importadores de alimentos, lo cual aumenta la cantidad y variedad de posibles socios comerciales; b) la emergencia de unos pocos países, liderados por Japón, Corea, China y los países petroleros, como grandes importadores netos de alimentos con la posibilidad de desarrollar posiciones dominantes en el mercado; c) la posible incorporación de la India –tercera economía mundial en términos de PPP y del África Subsahariana– como polos de crecimiento económico y actores importantes en comercio agroalimentario.

Esta nueva configuración del mercado internacional es un tema central para la Argentina y jerarquiza la importancia de participar activamente tanto en las negociaciones multilaterales de la OMC como en los acuerdos regionales que están en negociación. Estos acuerdos hacen más transparentes los mercados internacionales, dan seguridad y protección frente a países con posiciones dominantes y definen las concesiones particulares de acceso a mercados y a sus condiciones particulares (sanidad, calidad, etc.). No ser parte de estos acuerdos limita la posibilidad de comerciar y también de agregar valor a la producción primaria, ya que los productos elaborados son más sensibles a la reglas de comercio que se establecen en estos acuerdos.

Pensando a futuro, la reconfiguración económica mundial también tendrá un impacto importante en la forma en que se reubicarán geográficamente la demanda de alimentos y, consecuentemente, los mercados agroalimentarios. El gráfico A3.2 (mapa) muestra las proyecciones sobre la posible expansión de la demanda de alimentos en las principales regiones del mundo. Puede verse que la expansión más rápida y significativa en términos cuantitativos ocurrirá en Asia y África, mercados que absorberán buena parte del incremento del comercio global de alimentos.

Gráfico A2.2. Incremento esperado de consumo de alimentos por regiones del mundo

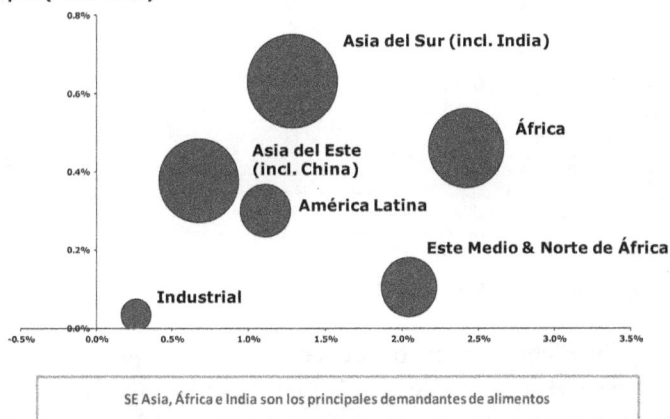

Crecimiento anual alimentario per cápita (2000-2030)

SE Asia, África e India son los principales demandantes de alimentos

Fuente: análisis FAO, LDC. Roma.

Por otra parte, el gráfico A2.3 muestra las exportaciones argentinas de productos agroindustriales discriminadas por el nivel de procesamiento. Estas exportaciones representan más del 50% de las exportaciones totales del país e incluyen un número importante de destinos.

Gráfico A2.3. Destinos de las exportaciones argentinas con distinto nivel de procesamiento

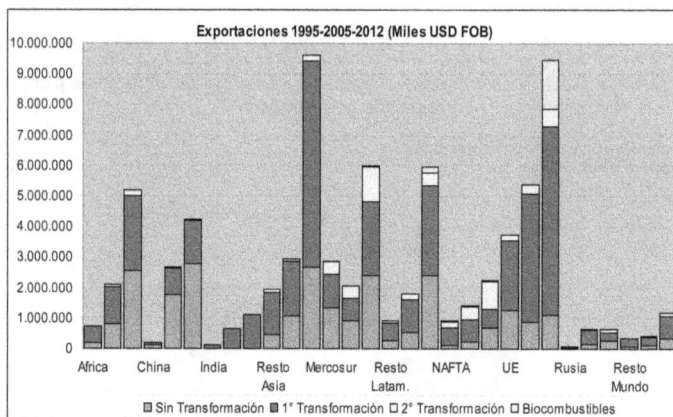

Fuente: UN COMTRADE y ALADI.

En dicho gráfico puede verse también que los principales destinos son la UE, China y el resto de Asia. Pero es importante notar también la significativa y creciente importancia especialmente en productos con mayor valor agregado del Mercosur, y del resto de América Latina y África, particularmente los países del norte de África. Es decir, la considerable dispersión de las exportaciones agroindustriales y consecuentemente la necesidad de atender y entender las variadas condiciones cualitativas, sanitarias, legales y comerciales de todos estos mercados es una necesidad imperiosa.

Para determinar la importancia relativa de los distintos mercados es necesario analizar el tamaño actual y futuro de cada uno de los mercados, incluyendo los aspectos cualitativos de la demanda por productos agroindustriales. Tal como puede verse, la composición de las exportaciones tiene algunas diferencias según los destinos. Los mercados que demandan proporcionalmente más productos con mayor valor agregado, que son obviamente los de mayor interés para Argentina, son la UE, América Latina y el norte de África.

Este análisis solo confirma, desde el punto de vista de las exportaciones agroindustriales, la observación hecha por el Grupo Consenso del CARI en abril de 2015 en el sentido de que la creciente importancia de las economías emergentes y la consecuente aparición de un mundo multiplex requieren, y además hacen posible, una estrategia de inserción internacional amplia, diversa y atenta a las especificidades y necesidades de muchos mercados.

Una estrategia de este tipo plantea dos desafíos simultáneos. Por un lado, la situación actual del Mercosur, y por el otro, la importancia y necesidad de una participación activa tanto en las negociaciones multilaterales en el ámbito de la OMC como en los diversos acuerdos regionales que están en proceso de negociación.

Con respecto al Mercosur, es imperativo que los países miembros encuentren una fórmula para resolver la situación de estancamiento e inacción en el cual está sumergido el proceso de integración regional. De una parte es necesario retomar de manera conjunta la iniciativa para abrir nuevos mercados, sobre la base de la comunidad de intereses ofensivos del Mercosur, donde la agricultura y la bioeconomía en general ocupan un lugar destacado. De otro lado, es necesario volver a una gestión sin trabas del comercio intrazona. El mercado regional es aún clave para la transformación de varias actividades productivas que deben dar un salto de productividad y competitividad, incluyendo el caso de diversas manufacturas de origen agropecuario.

Con respecto a la negociación multilateral y a los acuerdos regionales que están en proceso de negociación desde el Mercosur, es necesario progresar en dos direcciones. En primer lugar, redefinir las posturas de negociaciones buscando una posición más equilibrada en relación con los distintos sectores productivos. En este sentido valorar adecuadamente las potenciales ganancias que se podrían obtener en la negociación a favor de los sectores exportadores que tienen mayores ventajas competitivas y, consecuentemente, capacidad de expansión productiva y exportadora. Desde esta perspectiva la negociación Mercosur-UE adquiere una importancia especial. La Argentina debe sumarse al impulso que tienen sus otros socios a riesgo de enfrentar problemas en caso de concretarse un acuerdo a dos velocidades, como está siendo explorado por Uruguay y Brasil. De hecho en el periodo de transición, hasta que Argentina se incorpore al acuerdo en forma plena, las exportaciones argentinas quedarían en desventaja con respecto a las de sus socios en el Mercosur.

En segundo lugar, y en forma vinculada al fortalecimiento del Mercosur, potenciar la capacidad de negociación del país estableciendo posiciones comunes con los países integrantes del acuerdo regional. Es importante recordar que los países del Mercosur representan el 30% de las exportaciones netas agroalimentarias del mundo. Esta posición dominante en el mercado bien utilizada daría a los países miembros una considerable capacidad negociadora. Esta postura es especialmente importante en relación con China. La capacidad de negociación con dicho país por parte de cada uno de los países del Mercosur, tomados individualmente, es bastante escasa. Más aun si estas se establecen desde una posición de debilidad generada por situaciones financieras de corto plazo, como ha sido el caso de la Argentina. Una negociación conjunta fortalecería notablemente la posición de los países del Mercosur a partir de la dependencia alimentaria que China ha desarrollado con respecto a las importaciones desde la Argentina y Brasil. Es más, siguiendo esta línea y aunque tendrá importantes costos, nuestro país debería revisar varios de los recientes acuerdos firmados con China, donde muchas de las concesiones realizadas han estado guiadas por urgencias financieras de corto plazo y descuidando intereses de orden estratégico tanto en el plano económico como geopolítico.

Sobre los autores

Ramiro Albrieu

Economista y profesor de la Universidad de Buenos Aires. Investigador asociado del Centro de Estudios de Estado y Sociedad (CEDES) y de la Red Sudamericana de Economía Aplicada (Red Sur). Especialista en Macroeconomía, ha publicado diversos artículos y libros sobre macroeconomía latinoamericana, con especial énfasis en el rol de los recursos naturales en el desarrollo de la región.

Ricardo Carciofi

IIEP-UBA. Máster en Desarrollo, Universidad de Sussex, Inglaterra, y estudios de doctorado en la misma Universidad. Licenciado en Economía, UBA. Entre 2005 y 2013 ha sido director del Instituto para la Integración de América Latina y el Caribe, INTAL, en el Banco Interamericano de Desarrollo, BID. Anteriormente se desempeñó como director ejecutivo del BID y la Corporación Interamericana de Inversiones. Fue asesor regional de la Comisión Económica para América Latina en Santiago de Chile y estuvo a cargo de la División de Desarrollo Económico de la CEPAL. Ha sido subsecretario de Presupuesto del Ministerio de Economía de la Nación. Actualmente es consultor del BID, las Naciones Unidas, y ha realizado trabajos de asesoría a gobiernos de América Latina.

Marcelo Cavarozzi

Investigador principal del CONICET y profesor titular de Ciencia Política en la Universidad Nacional de San Martín. Se recibió como contador público en la UBA y doctor en Ciencia Política en la Universidad de California, Berkeley.

Sebastián Katz

Economista y magíster en Política Económica (UBA). Es gerente principal de Investigaciones Económicas del BCRA. Se desempeñó como subsecretario de Programación Económica del Ministerio de Economía y Producción de la República Argentina entre febrero de 2004 y marzo de 2006 y como representante del ministro de Economía ante el Directorio del BCRA. Es profesor de Dinero, Crédito y Bancos en la UBA y de Macroeconomía en la Universidad de San Andrés. Actualmente es director alterno del Programa de Posgrado de Especialización en Mercado de Capitales (UBA-Merval).

José Luis Machinea

Profesor en la Universidad Di Tella y en la UBA. Ex secretario ejecutivo de la CEPAL, ha sido ministro de Economía, presidente del Banco Central y subsecretario de Política Económica. Ha publicado extensamente sobre macroeconomía y desarrollo económico y social. Es doctor en Economía por la Universidad de Minnesota.

Roberto Martínez Nogueira

Graduado de la Universidad de Buenos Aires y doctorado en Gobierno y Administración Pública en la Universidad de Cornell, con cursos de posgrado y postdoctorales en las Universidades de Harvard, Madrid, Michigan y Colorado. Especialista en análisis de políticas públicas y en diseño, gestión y evaluación institucional, ha realizado tareas de consultoría para gobiernos y para organismos multilaterales en numerosos países de América Latina y África. En la actualidad es profesor de las maestrías de Administración y Políticas Públicas y de Estudios Organizacionales de la Universidad de San Andrés. Es miembro del Consejo de Administración de las fundaciones Pro Vivienda Social y Fundapaz. Autor de 19 libros y de numerosos artículos sobre temáticas de su especialidad.

Martín Piñeiro

Ingeniero agrónomo graduado en la Universidad de Buenos Aires y doctor en Economía Agraria por la University of California, Davis USA. En la actualidad es director del Grupo CEO, director del Comité de Asuntos Agrarios del Consejo Argentino de Relaciones Internacionales (CARI). Ha sido subsecretario de Economía Agraria; miembro del Consejo Nacional de Educación Superior y del Consejo de Planificación de la Universidad Nacional de Buenos Aires; director general del Instituto Interamericano de Cooperación para la Agricultura (IICA); presidente del Consejo Directivo del International Food Policy Research Institute (IFPRI). Ha realizado actividades de consultoría con el Banco Mundial, el BID, la FAO, el FIDA, la Interamerican Foundation, el CGIAR y la Fundación Ford, entre otros.

Ricardo Daniel Rozemberg

Licenciado en Economía de la Universidad de Buenos Aires. Máster en Economía y Políticas Públicas de la Universidad Di Tella. Investigador senior del Centro iDeAS de la Universidad de San Martín y director del Observatorio Pymex del Instituto de Estrategia Internacional de la CERA. Es consultor regular de organismos y organizaciones nacionales e internacionales, tales como BID, Red MERCOSUR, INTAL, Red LATN, ITC, ALADI, CENIT, CIPPEC. En el ámbito del sector público, se desempeñó como gerente de la Agencia de Desarrollo de Inversiones (2007/9), director del Centro de Estudios para la Producción del Ministerio de Industria (2000/6), y director del Centro de Economía Internacional de la Cancillería (1998/2000). Es autor de diferentes trabajos y estudios sobre la problemática de distintos sectores productivos, el comercio exterior y la integración regional, la inversión extranjera directa y las negociaciones económicas regionales e internacionales.

Guillermo Rozenwurcel

Economista, investigador principal del CONICET, investigador visitante del CEDES y director ejecutivo del Centro de Investigaciones sobre Desarrollo Económico de la UNSAM. Fue secretario de Estado para la Pequeña y Mediana Empresa en 1999-2000. Ha sido consultor de CEPAL, PNUD, OIT, BID, el Banco Mundial y otras instituciones internacionales. Es autor de varios libros y numerosos artículos publicados en revistas académicas del país y el exterior. Ejerce la docencia como profesor titular en la Facultad de Ciencias Económicas de la UBA y en la Escuela de Política y Gobierno de la UNSAM. También dictó cursos en distintas universidades e instituciones de formación de posgrado de Brasil, Canadá, Costa Rica, Cuba, España y Venezuela, entre otros países.

Este libro se terminó de imprimir en junio de 2016 en Imprenta Dorrego (Dorrego 1102, CABA).